本书由国家社会科学基金重大项目（编号：24ZDA048）、国家自然科学基金面上项目（编号：42171204）、中国科学院“从0到1”原始创新项目（编号：ZDBS-LY-DQC005）等联合资助出版

城市高质量发展研究

陈明星 等 编著

科 学 出 版 社

北 京

内 容 简 介

城市已经成为国家经济、政治、文化、社会等方面活动的中心，在国家工作全局中具有举足轻重的地位。本书系统地总结新时期我国城市发展取得的历史性成就，分析当前城市发展面临的新形势、新挑战与新任务，梳理国际城市管理方面的经验案例，论证提出以人为本的城市高质量发展路径。

本书可供城市发展和规划等相关部门的工作人员、专业研究人员、相关专业学生和对城市发展有兴趣的广泛读者参考。

审图号：GS 京（2025）1406 号

图书在版编目（CIP）数据

城市高质量发展研究 / 陈明星等编著. —北京 ：科学出版社 ，2025. 8. —ISBN 978-7-03-082822-4

Ⅰ. F299.21

中国国家版本馆 CIP 数据核字第 2025YP5193 号

责任编辑：杨逢渤　李　洁 / 责任校对：樊雅琼

责任印制：赵　博 / 封面设计：无极书装

科学出版社 出版

北京东黄城根北街 16 号

邮政编码：100717

http://www.sciencep.com

涿州市般润文化传播有限公司印刷

科学出版社发行　各地新华书店经销

*

2025 年 8 月第　一　版　开本：787×1092　1/16

2025 年10月第二次印刷　印张：10

字数：240 000

定价：140.00 元

（如有印装质量问题，我社负责调换）

《城市高质量发展研究》撰写委员会

顾　　问：陆大道　孙福宝

主　　编：陈明星

副 主 编：张文忠　王光辉　马海涛

编写专家：（以姓氏笔画为序）

马　菁　王开泳　包琳欣　朱　鹤　刘　振

刘海猛　汤淑娟　李佳洺　余建辉　高翔宇

蒋会平

前　言

习近平总书记指出，城镇化是我国现代化建设的历史任务。以中国式现代化全面推进中华民族伟大复兴，必须坚定不移、积极稳妥地推进以人为核心的新型城镇化。党的十八大以来，中国新型城镇化建设全面进入以质量为导向的新阶段，城镇化和城市发展取得历史性成就。在全球发展中国家城镇化进程中，率先探索出一条具有中国特色、符合中国国情的新型城镇化道路。构建以人民为中心的城市治理新范式，推进发展正义和民生导向的城乡空间重构新实践，重塑人地协调与区域平衡的现代化发展新格局，突破了西方城市发展中资本逻辑主导的空间异化趋势，提高了公共利益保障和公平正义实践能力，实现了马克思主义城市发展理论的中国化新体系，为全球发展中国家的城镇化和城市发展提供了独特而宝贵、更具时代性和可借鉴的治理经验，贡献了“中国智慧”和“中国方案”。

当前面临新阶段、新环境与新形势。城镇化已步入中后期发展相对成熟阶段，正处于从“规模扩张”迈向“质量提升”的关键转型期，坚持人本性、包容性、协同性和可持续性等高质量发展内涵。国际外部环境日益复杂，中美战略博弈与竞争加剧，全球债务高企与滞胀风险交织，技术革命重塑产业格局，地缘冲突与气候危机相互叠加等。中国经济保持稳中有进的良好态势，为世界发展注入信心和确定性。与此同时，中国也正处于高质量发展转型攻坚期，经济社会面临深层次转型，经济结构、老龄化、少子化、城乡融合、绿色低碳、空间治理等方面的矛盾与挑战交织。城镇化与城市发展呈现新趋势：人本导向的智慧城市图景，让生活更美好；新质生产力与创新的引擎，让创新有沃土；绿色低碳转型发展的核心，让绿色成底色；城乡融合双向流动的关键，让城乡共繁荣。

城市高质量发展当前仍面临不平衡、不充分、不可持续等问题。在不平衡方面，优质公共服务供给失衡，社会就业等问题呈现结构化矛盾，部分城市建设过程中地方性特色文化基因缺失。在不充分方面，城市经济的新质生产力培育仍然不充分，对传统产业的依赖程度较高，城市财政收入下滑，债务收支压力凸显，智能革命对城市智能化转型提出了更高的要求和发展新挑战。在不可持续方面，城市发展的资源环境约束越来越大，城市极端降雨、高温暴露、台风等自然灾害频发，韧性城市建设和应急应对能力均存在不足。

经济滞胀、社会不平等、气候变化、资源约束等是全球城市高质量发展所面临的共性难题。梳理凝练部分发达国家城市在低碳转型与绿色发展、智慧城市与社会治理、城市财政可持续性与债务管理、城市更新与空间管制等方面的治理经验和举措。例如，斯德哥尔摩零碳实践探索了从交通、建筑到能源的城市全链条系统性转型，旧金山气候行动计划构建了以政策框架为引导、以社区深度参与和机制透明化为特征的综合治理模式，阿姆斯特丹发展了以协同合作为核心的智慧城市平台，赫尔辛基通过数字化参与式预算强化共治与社会包容，日本与美国城市分别以中央与地方协同的制度化债务约束、市政债券为核心的市场化融资机制实现对地方债务管理，新加坡实行的弹性规划与城市留白等做法为我国城市高质量发展提供了借鉴。

习近平总书记在 2015 年中央城市工作会议上强调，“城市发展带动了整个经济社会发展”，“城市是我国经济、政治、文化、社会等方面活动的中心，在党和国家工作全局中具有举足轻重的地位”。“十五五”以及今后更长一段时期，深刻认识城市在我国经济社会发展、民生改善中的重要作用，强化以人为本的人民城市建设，以系统观念统筹推进城市发展，打造人本城市、韧性城市、低碳城市、创新城市、智慧城市和文化城市。以普惠服务、代际融合场景、共享社区文化共同体、均等化服务等重构以人为本的城市空间与服务；建设安全韧性城市、绿色零碳城市、分层级科技创新城市、数字赋能智慧城市等，推动城市高质量发展与可持续治理模式转型；并激活城市地方性特色文化，传承弘扬特色文化基因，探索实现文化繁荣多样与国际影响力提升的路径。六维协同发力，促进新时期城市高质量发展，持续提升人民群众获得感、幸福感、安全感。

体制机制创新是破解城市发展动能瓶颈的关键，聚焦以人为本的城市发展深层次转型、韧性智慧的现代城市、城乡融合与土地政策、财税制度可接续机制、城市社会治理体系等提出政策建议，持续释放改革红利，激活城市转型升级内生增长动力。此外，建议发展交叉前沿的人工智能驱动的城市科学体系，推动跨学科知识体系的深度融合，厘清城市复杂系统演化特征和科学规律，为新时期城市高质量发展与城市治理决策提供科技支撑。

由于资料掌握和篇幅所限，本书难免存在不足与疏漏之处，敬请广大读者批评指正，以便后续完善与提升。

目　录

前言

第 1 章　党的十八大以来城市发展的成就与意义 ······ 1

1.1　新型城镇化建设和城市高质量发展取得历史性成就 ······ 1

1.1.1　以人为本的新型城镇化深入人心 ······ 1

1.1.2　城市群和都市圈建设取得新突破 ······ 2

1.1.3　住房保障与城市更新协同增效 ······ 3

1.1.4　城市绿色低碳转型纵深推进 ······ 4

1.1.5　城市安全保障建设初见成效 ······ 6

1.1.6　历史文化保护传承形成新范式 ······ 7

1.1.7　农业转移人口市民化进程加快 ······ 7

1.1.8　城乡融合发展迈出关键步伐 ······ 8

1.2　探索城市高质量发展的中国式新路径 ······ 10

1.2.1　全球巨大分异与发展中国家城镇化困境 ······ 10

1.2.2　中国走出了一条符合国情的城镇化道路 ······ 10

1.2.3　中国城镇化道路为全球提供了借鉴经验 ······ 11

1.3　构建马克思主义城市发展理论的中国化新体系 ······ 12

1.3.1　构建以人民为中心的城市治理新范式 ······ 12

1.3.2　推进发展正义和民生导向的城乡空间重构新实践 ······ 14

1.3.3　重塑人地协调与区域平衡的现代化发展新格局 ······ 15

1.3.4　提出全球城镇化与城市治理的中国方案与新路径 ······ 16

第 2 章　城市发展的新阶段、新环境与新趋势 ······ 17

2.1　城镇化与城市发展新阶段 ······ 17

2.2　城镇化与城市发展新环境 ······ 19

2.2.1 中美关系：战略博弈竞争关系加剧 …… 19
2.2.2 国际环境：百年变局不确定性增强 …… 21
2.2.3 国内环境：高质量发展转型攻坚期 …… 24
2.3 城镇化与城市发展新趋势 …… 29
2.3.1 人本导向的智慧城市图景：让生活更美好 …… 29
2.3.2 新质生产力与创新的引擎：让创新有沃土 …… 30
2.3.3 绿色低碳转型发展的核心：让绿色成底色 …… 31
2.3.4 城乡融合双向流动的关键：让城乡共繁荣 …… 31
第3章 城市高质量发展面临的问题 …… 33
3.1 城市发展不平衡问题 …… 33
3.1.1 城市优质公共服务供给失衡 …… 33
3.1.2 变化环境下城市社会问题日益凸显 …… 36
3.1.3 城市建设地方性特色文化基因缺失 …… 37
3.2 城市发展不充分问题 …… 38
3.2.1 城市经济新质生产力提升面临瓶颈 …… 38
3.2.2 城市财政收入下滑与债务风险上升压力 …… 42
3.2.3 城市智慧化转型挑战 …… 45
3.3 城市发展不可持续问题 …… 47
3.3.1 城市面临资源环境约束趋紧 …… 47
3.3.2 城市自然灾害频发 …… 49
第4章 城市高质量发展的国际经验 …… 51
4.1 低碳转型与绿色发展 …… 51
4.1.1 斯德哥尔摩皇家港的零碳转型 …… 51
4.1.2 旧金山气候行动计划 …… 55
4.2 智慧城市与社会治理创新 …… 57
4.2.1 阿姆斯特丹的智慧城市建设 …… 57
4.2.2 赫尔辛基的城市治理创新：参与式预算 …… 59
4.3 城市财政可持续性与债务管理 …… 61
4.3.1 日本的债务管理体系 …… 61
4.3.2 美国的地方政府债务管理体系 …… 64

4.4　城市更新与空间管制……65
4.4.1　新加坡城市留白与弹性规划……66
4.4.2　日本城市更新与法治化管理……69
第 5 章　未来城市高质量发展的战略重点……72
5.1　人本城市：重构城市空间与服务……72
5.1.1　打造城市普惠服务供给体系……73
5.1.2　设计城市代际融合场景空间……73
5.1.3　推广数字包容的治理技术……73
5.1.4　重塑城市共享社区文化共同体……74
5.1.5　建立均等服务的关键机制……74
5.2　韧性城市：强化城市安全韧性体系建设……74
5.2.1　推动基础设施韧性升级……75
5.2.2　完善智能监测预警体系……75
5.2.3　健全应急资源动态储备……75
5.2.4　加强组织体系与能力建设……75
5.3　低碳城市：绿色范式转型……76
5.3.1　推动城市能源系统深度脱碳……76
5.3.2　开展城市交通绿色革命……76
5.3.3　推广城市建筑零碳化改造……76
5.3.4　实施城市生态碳汇能力倍增计划……77
5.4　创新城市：科技创新中心体系建设……77
5.4.1　构建层次化科技创新中心城市体系……77
5.4.2　发挥科技创新中心城市的辐射带动作用……78
5.4.3　采用区域差异化城市创新发展策略……78
5.4.4　构建城市功能互补协同创新网络……79
5.4.5　培育能够激发创新的城市创新环境……79
5.4.6　制定保障城市创新发展的制度路径……79
5.5　智慧城市：数字技术深度赋能……80
5.5.1　统一城市数字底座，夯实城市“神经系统”……80
5.5.2　创新虚实融合场景，重构城市运行模式……80

5.5.3 推动数据要素市场化，激活城市新动能 …… 81
5.6 文化城市：激活历史基因 …… 81
5.6.1 实施城市文化基因解码与活化工程 …… 81
5.6.2 创新城市文旅融合发展模式 …… 81
5.6.3 科技赋能城市文化创新 …… 82
5.6.4 培育文化产业生态 …… 82
5.6.5 体制机制突破与保障 …… 82
第 6 章　未来体制机制改革与政策建议 …… 83
6.1 以人为本的城市高质量发展转型 …… 84
6.1.1 从物质增长导向转向人的全面发展导向 …… 84
6.1.2 优化空间布局，促进社会融合与公平共享 …… 84
6.1.3 重塑城市治理机制，强化公众参与和协同共治 …… 84
6.2 建设韧性智慧的现代城市 …… 84
6.2.1 构建跨部门、跨区域协同的韧性治理体系 …… 84
6.2.2 推动城市基础设施系统性韧性改造 …… 85
6.2.3 建立以数据驱动的城市智能治理体系 …… 85
6.3 城乡融合发展与土地政策优化 …… 85
6.3.1 促进城乡要素自由流动 …… 85
6.3.2 构建城乡统一的建设用地市场 …… 86
6.3.3 优化土地资源配置 …… 88
6.3.4 创新土地管理机制 …… 89
6.4 加快财税制度改革与可接续模式 …… 90
6.4.1 构建与城市高质量发展相适应的财税支撑机制 …… 90
6.4.2 发展多元可接续的融资体系 …… 92
6.4.3 强化科技创新与产业升级的财税支持 …… 94
6.4.4 推动公共服务均等化与消费升级的财税路径 …… 95
6.5 促进城市社会治理体系完善 …… 96
6.5.1 构建多元协同治理体系 …… 96
6.5.2 健全城市社会治理体系 …… 97
6.5.3 构建数智融合治理体系 …… 98

6.6 发展交叉前沿的AI城市科学……100
6.6.1 以城市系统复杂性为导向，推动学科融合协同创新……100
6.6.2 以城市可持续发展目标为牵引，推动研究范式转型……101
6.6.3 以城市治理现代化为目标，推动科学决策与技术转化……102
第7章 中国城市创新专题研究……103
7.1 党的十八大以来中国城市创新取得的成就与存在的问题……103
7.1.1 取得的成就……103
7.1.2 存在的问题……107
7.2 中国城市创新发展面临的机遇与挑战……109
7.2.1 机遇窗口……109
7.2.2 风险挑战……112
7.3 国内外城市创新发展经验及借鉴……113
7.3.1 国际经验：差异化协同路径……113
7.3.2 国内标杆：三类模式突破……113
7.4 中国城市创新能力提升的战略路径……114
7.4.1 构建多层互补的国家科技创新中心城市体系……114
7.4.2 建立“核-链-网”协同创新辐射机制……115
7.4.3 实施“四象限”区域差异化创新战略……115
7.4.4 打造“三螺旋”城市协同创新网络……115
7.4.5 培育“热带雨林式”城市创新生态……116
第8章 中国城市文旅现代化专题研究……117
8.1 党的十八大以来城市文旅发展成就……117
8.1.1 文旅产业规模逐步扩大，消费升级成效显著……118
8.1.2 公共文化服务提质增效，文化惠民成果突出……119
8.1.3 文化遗产保护全面推进，传承利用合理有序……121
8.1.4 城市品牌体系逐步形成，共建共享不断深化……122
8.2 当前城市文旅发展存在突出问题……124
8.2.1 新兴业态与在地文化融合不足……124
8.2.2 区域差异显著与协同发展不足……124
8.2.3 消费升级与供需错配矛盾加剧……125

8.2.4 公共文化服务效能有待提升 …… 125
8.2.5 社会参与治理机制性缺陷 …… 126
8.3 国际城市文旅发展经验总结 …… 127
8.3.1 法律法规保障与规划先行 …… 127
8.3.2 文旅产品创新与地方文化传承 …… 128
8.3.3 强化城市 IP 与推动品牌建设 …… 129
8.3.4 “微更新”与文化当代实践相结合 …… 129
8.3.5 可持续与负责任的发展导向 …… 130
8.3.6 包容性与公平性的发展策略 …… 131
8.4 面向未来的城市文旅发展建议 …… 132
8.4.1 以可持续发展为目标，夯实政策法规保障 …… 132
8.4.2 加强城市文化遗产保护，挖掘城市文化基因 …… 134
8.4.3 跨界融合与创新生态，培育文旅产业新动能 …… 135
8.4.4 推动区域优势互补，优化城市文旅公共服务 …… 136
8.4.5 重视社会参与，增强包容性公平性与社区共生 …… 138
参考文献 …… 140
后记 …… 144

第 1 章　党的十八大以来城市发展的成就与意义

党的十八大以来，中国新型城镇化建设全面进入以质量为导向的新阶段，城市高质量发展取得历史性成就，探索出了一条具有中国特色的新型城镇化路径。这一系统性实践不仅构建了马克思主义城市理论的中国化路径，更以制度创新和渐进改革为全球城镇化进程贡献了中国智慧，彰显了中国特色社会主义治理的独特优势与全球价值。

1.1　新型城镇化建设和城市高质量发展取得历史性成就

1.1.1　以人为本的新型城镇化深入人心

以人为本新型城镇化政策体系的顶层设计日益完善，形成了推动城镇化健康发展的科学指南。2012 年 11 月，党的十八大报告提出“坚持走中国特色新型工业化、信息化、城镇化、农业现代化道路”，明确了新型城镇化战略的重要地位。2013 年 12 月，中央城镇化工作会议进一步提出，“要以人为本，推进以人为核心的城镇化”，将人的城镇化作为工作的出发点和落脚点。2014 年，中共中央、国务院印发的《国家新型城镇化规划（2014—2020 年）》系统提出了新型城镇化的发展目标、战略任务和政策措施，为城镇化建设提供了行动纲领。2021 年发布的《国家新型城镇化规划（2021—2035 年）》进一步明确了以人为本城镇化的战略目标和实施路径，将农业转移人口市民化作为战略核心任务，着重破解城乡二元结构的制度性障碍。2024 年 7 月，为贯彻落实党中央决策部署，国务院印发的《深入实施以人为本的新型城镇化战略五年行动计划》提出了一系列具体任务举措，包括新一轮农业转移人口市民化、潜力地区城镇化水平提升、现代化都市圈培育以及城市更新和安全韧性提升四大行动，政策措施更加精准务实。

“人民城市人民建、人民城市为人民”的思想持续深化落实。2015 年 12 月，中央城市工作会议提出，做好城市工作，要顺应城市工作新形势、改革发展新要求、人民群众新期待，坚持以人民为中心的发展思想。2017 年 10 月，党的十九大报告明确提出“坚持以人民为中心”“加快农业转移人口市民化”等基本方略和具体行动。2020 年 10 月，党的十九届五中全会重申“推进以人为核心的新型城镇化”，强调城市发展要更多关注人民的感受，城市规划建设和治理要更多地体现人文关怀。2022 年 10 月，党的二十大报告再次对推进以人为本的新型城镇化做出了重要部署，同时确立了人民群众在城市发展中的主体地位。2024 年 7 月，党的二十届三中全会审议通过的《中共中央关于进一步全面深化改革、推进中国式现代化的决定》进一步提出“健全推进新型城镇化体制机制”的重大改革举措。

以人为本的新型城镇化和城市发展思想与理念不断深化，已经成为深入人心的认知共识，切实提升了人民群众的获得感、幸福感、安全感，有效凝聚了社会各界支持并参与城镇化和城市发展的强大合力。

1.1.2　城市群和都市圈建设取得新突破

城市群和都市圈建设是推动新型城镇化高质量发展的重要载体，对优化国土空间布局、促进区域协调发展、增强经济创新力具有关键作用。近年来，我国持续推进城市群一体化和都市圈同城化，在空间布局优化、基础设施联通、产业协同创新等方面取得积极进展。

城市群和都市圈规划全面实施，空间格局持续优化。党的十八大以来，京津冀协同发展、长江三角洲（以下简称长三角）一体化发展、粤港澳大湾区建设等区域重大战略稳步推进，初步形成了以城市群和都市圈为主体的城镇化空间格局。截至 2024 年，已印发实施的城市群和都市圈发展规划均达到 18 个，中心城市辐射带动作用持续增强，大中小城市协调发展的良性互动格局初步形成，城市群和都市圈内部资源要素高效流动，一体化和同城化发展水平显著提高。

区域基础设施互联互通水平不断提高。基础设施建设取得长足进步，城市群和都市圈之间、区域内各城市之间的交通网络不断完善，高效便捷的轨道交通、公路网络基本形成。截至 2023 年底，全国铁路营业里程达到 15.9 万公里，其中高铁 4.5 万公里。城际铁路和轨道交通建设加快推进，2012～2023 年，全国城市已建成轨道交通长度由 2006 公里增至 10 443 公里（图 1-1），特别是京津冀、长三角、粤港澳大湾区等区域基本实现 1～2 小时通勤圈。跨区域能源、信息、水利等重大基础设施建设也在持续推进，为城市群和都市圈发展提供了坚实支撑。

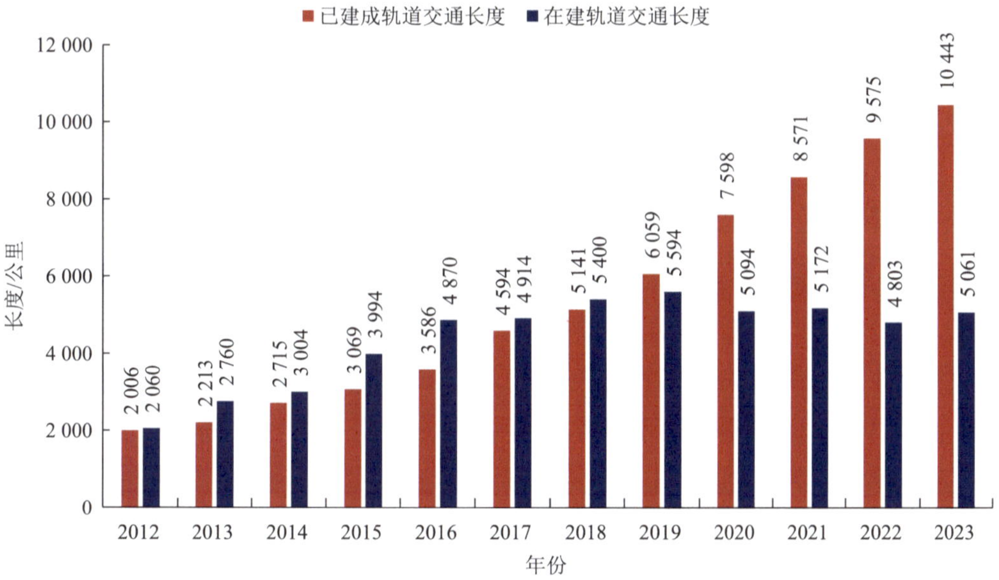

图 1-1　2012～2023 年全国城市已建成和在建轨道交通长度变化

跨区域产业协同创新平台发挥集聚效应。国家加快建设跨区域产业协同创新平台，推动区域间产业链、创新链、供应链的高效衔接与融合。城市群和都市圈地区率先建设了一批跨区域科技创新园区、联合实验室和产业合作基地，有效促进了科技成果跨区域转化和产业化发展。

1.1.3　住房保障与城市更新协同增效

住房保障和城市更新是改善群众居住条件、提升城市品质的重要民生工程。近年来，我国在保障性住房建设、棚户区与老旧小区改造、低效用地盘活利用等领域协同发力，形成了“住房保障+城市更新”的联动机制，城镇人均住房建筑面积从 2012 年的 32.9 平方米提高到 2024 年的 41.8 平方米（图 1-2），人民群众居住条件得到显著改善。

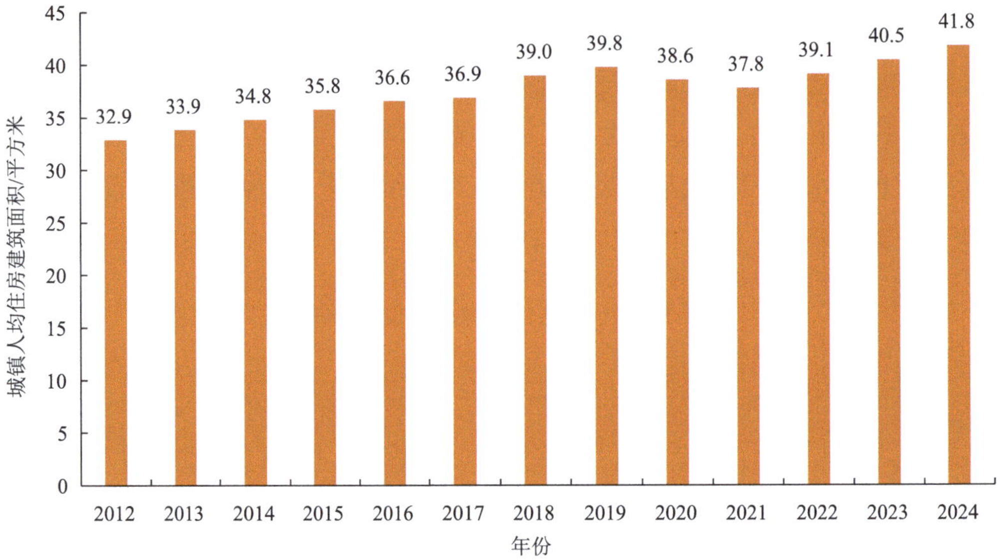

图 1-2　2012～2024 年全国城镇人均住房建筑面积变化

保障性住房供给渠道多元化格局初步形成。党的十八大以来，我国加快构建多主体供给、多渠道保障的住房制度体系，政府主导、市场参与的住房保障模式逐渐成熟。截至 2023 年底，全国累计建设各类保障性住房和棚改安置住房 6400 多万套，惠及近 1.5 亿城乡居民。以公租房、共有产权房、保障性租赁住房为主体的多层次住房保障体系初步形成，住房保障覆盖群体持续扩大，中低收入居民、新市民和青年人群的住房困难问题得到了有效缓解。

棚户区改造与老旧小区更新实现规模性推进。棚户区改造深入实施，规模和力度不断加大，成效显著。党的十八大以来，全国累计改造棚户区住房超过 4000 万套，惠及居民超过 1 亿人，基本消除了严重危旧房屋，居民住房条件大幅改善。老旧小区更新全面提速，自 2019 年中央部署实施城市更新以来，全国已累计开工改造城镇老旧小区近 28 万个，惠及 1.2 亿居民，基础设施和公共服务配套设施明显改善，群众的获得感和幸福感显著增强。

1.1.4　城市绿色低碳转型纵深推进

城市绿色低碳转型是推动高质量发展、实现生态文明建设目标的重要支撑。党的十八大以来，我国深入推进城市绿色低碳发展战略，在环境污染治理、绿色建筑普及、生态空间保护等领域取得显著成效，城市生态环境质量不断改善，绿色发展理念深入人心。

大气和水体污染综合治理取得积极进展。近年来，全国深入实施大气污染防治行动、水污染防治行动和蓝天保卫战等重大环保工程，城市环境治理成效明显。2024 年 1～12 月，全国 339 个地级及以上城市平均空气质量优良天数比例为 87.2%，同比上升 1.7 个百分点；$PM_{2.5}$ 平均浓度为 29.3 微克/米 ^{3}，同比下降 2.7%，北京、天津、河北等重点区域空气质量大幅改善。全国城市黑臭水体治理取得阶段性成果，设市城市基本消除黑臭水体，城市水环境质量明显提升。

新建建筑绿色标准执行率保持高位运行。建筑节能与绿色建筑推广力度持续加大，绿色建筑标准覆盖面不断扩大。截至 2022 年底，全国城镇新建建筑绿色标准执行率达 100%，累计建成绿色建筑面积超过 110 亿平方米，建成节能建筑面积超过 303 亿平方米，节能建筑占城镇民用建筑面积的比例超过 64%。北京、上海、深圳等多个城市正在积极推动超低能耗建筑、装配式建筑等绿色低碳建筑的规模化应用，形成了一批全国示范项目。

生态空间保护与城市开发实现动态平衡。党的十八大以来，全国各地严格落实生态保护红线制度和国土空间规划，统筹生态保护与城市开发的关系，实现城市开发边界与生态保护边界“双控”。截至 2023 年底，全国生态保护红线划定面积占国土面积的比例达到 30% 以上，城市建成区绿地率稳步提升，人均公园绿地面积超过 15 平方米（图 1-3），城市绿道建设规模持续扩大，生态空间与城市空间融合发展的新格局基本形成，城市生态品质显著提高。

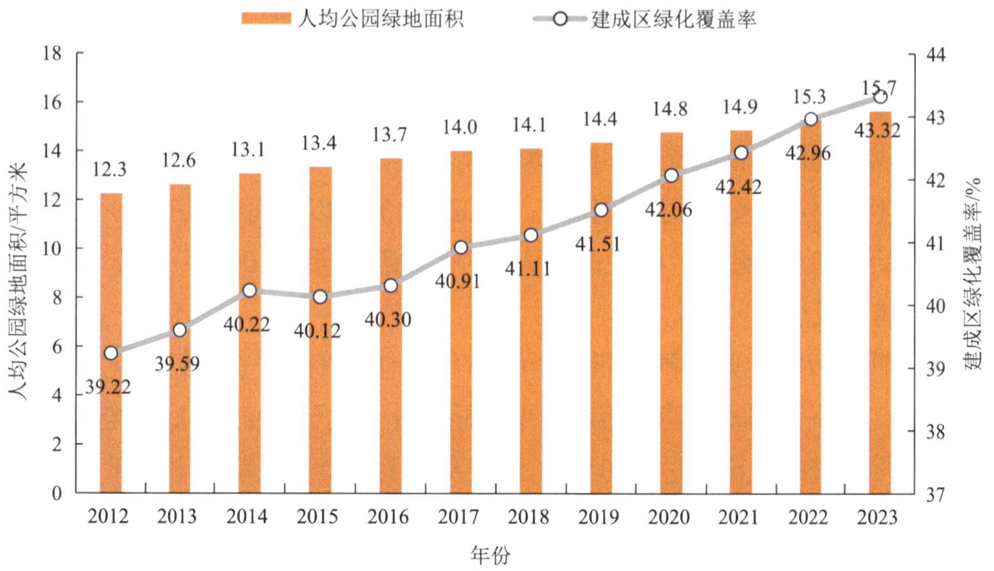

图 1-3　2012～2023 年全国城市人均公园绿地面积及建成区绿化覆盖率变化

1.1.5　城市安全保障建设初见成效

城市安全韧性建设是保障人民群众生命财产安全、提升城市应对风险和灾害能力的重要支撑。党的十八大以来，我国持续推进城市安全韧性建设，在防洪排涝、地下管网管理等方面取得积极进展，特别是城市排水管道长度从 2012 年的 43.91 万公里增至 2023 年的 95.25 万公里，涨幅超过一倍（图 1-4），城市抵御风险能力和应急管理水平显著提高。

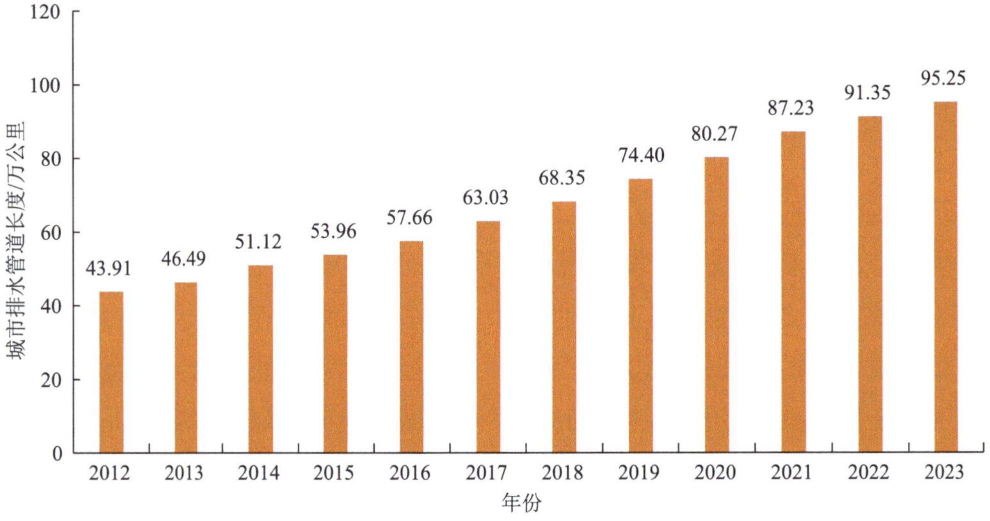

图 1-4　2012～2023 年全国城市排水管道长度变化

城市防洪排涝工程体系短板加快补齐。近年来，全国各地全面实施城市防洪排涝补短板工程，加大对城市内涝点治理和防洪设施建设力度。全国地级及以上城市防洪排涝能力普遍提高，重点城市基本具备应对 50 年一遇洪涝灾害的能力，群众生命财产安全得到有效保障。珠江三角洲（以下简称珠三角）地区通过加强河道治理和水库建设，防洪标准从 50 年一遇提高到 100 年一遇，有效减少了洪涝灾害的发生。

地下管网智能化监测预警能力全面提升。地下管网普查和智能化改造工程全面启动，地下管网安全隐患治理水平明显提升。截至 2023 年底，全国累计完成地下管网普查的城市超过 600 个，地级及以上城市普查覆盖率达到 95%。北上广深等一线城市核心区域管网实时监测覆盖率超过 80%，部分新城新区实现 100%，燃气、供水、排水等地下管网事故发生率大幅下降，城市运行安全保障能力显著增强。

1.1.6　历史文化保护传承形成新范式

历史文化保护传承是延续城市文脉、增强文化自信的重要举措。党的十八大以来，我国大力推动历史文化保护传承，在历史建筑活化利用、文化遗产文旅融合等方面实现创新突破，形成了更具时代特色的文化遗产保护利用新范式。

历史建筑活化利用路径实现创新突破。近年来，全国各地积极探索历史建筑保护与活化利用新路径，涌现出一批典型实践案例。通过保护性开发、功能置换和多元经营等模式，历史建筑实现保护与利用相统一。截至 2024 年，全国认定历史建筑超过 6.72 万处，北京前门大栅栏、上海衡复历史风貌区、广州永庆坊等历史街区活化改造取得良好示范效应，活化利用率明显提高，历史建筑保护的经济与社会效益日益凸显。

文化遗产赋能文旅融合成效日益显现。各地持续推动文化遗产与旅游产业融合发展，文化遗产资源赋能城市经济发展作用明显增强。北京故宫、敦煌莫高窟、平遥古城、苏州古典园林等世界遗产通过文化创意开发、沉浸式旅游体验、数字文旅产品创新等方式，成功地实现文化价值向经济价值转化。2023 年，全国 50 个单位入选国家文化产业和旅游产业融合发展示范区建设单位名单，文化遗产旅游市场持续繁荣。

1.1.7　农业转移人口市民化进程加快

农业转移人口市民化是实现以人为本的新型城镇化的重要环节，也是解决城乡发展不均衡的关键所在。党的十八大以来，我国农业转移人口市民化取得了明显进展，人民群众的生活水平和社会融入感显著提高。

户籍制度改革深入推进，有效拓宽了农业转移人口落户渠道。截至 2022 年底，全国 1.4 亿农业转移人口落户城镇，户籍人口城镇化率达到 47.7%，较 2012 年提高超过 12 个百分点。各地纷纷出台落户宽松政策，基本实现了城区常住人口 300 万人以下城市取消落户限制，大城市和特大城市落户门槛不断降低，农业转移人口融入城市的制度性障碍逐步消除。

基本公共服务均等化稳步实施。全国常住人口城镇化率从 2012 年的 53.10% 提高至 2024 年的 67.00%，城镇常住人口对应从 72 175 万人增至 94 350

万人（图 1-5）。由常住地提供的基本公共服务制度不断健全，各地持续扩大义务教育、医疗卫生、养老等公共服务覆盖面。截至 2023 年底，基本医疗保险参保覆盖面稳定在 95% 以上，进城务工人员随迁子女在公办学校就读（含政府购买学位）的比例超过 95%。农业转移人口在社会保障、就业援助、职业培训等方面均享有更加充分的政策支持。

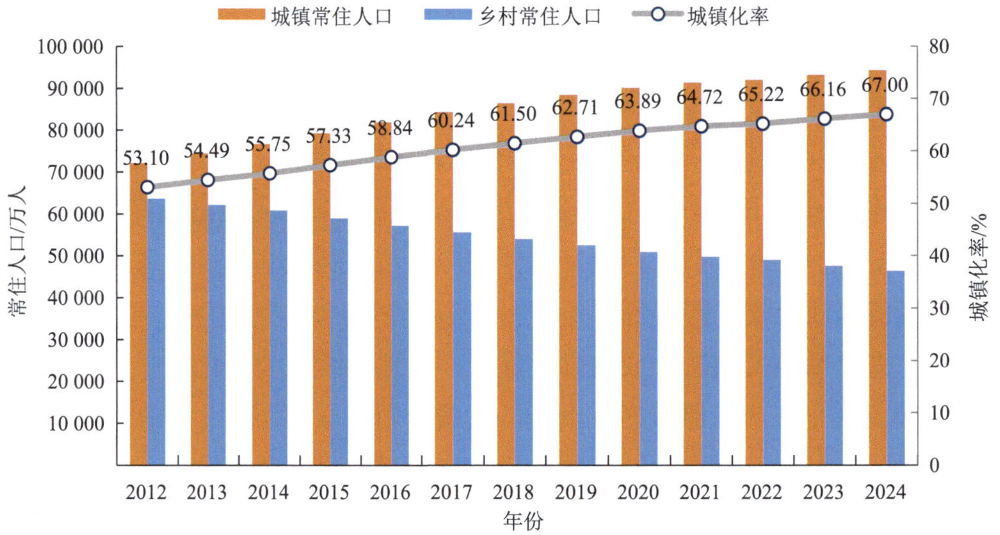

图 1-5　2012～2024 年全国城乡常住人口及城镇化率变化

农民工就业创业环境显著改善。通过就业培训、创业扶持等政策，全国新增农民工就业创业人数稳步提高。2019～2023 年底，累计开展补贴性职业技能培训超过 1.2 亿人次，农民工群体收入持续增长，外出农民工月均收入由 2012 年的 2290 元增长至 2023 年的 5441 元。农民工在城镇稳定就业的比例不断提高，劳动权益保障力度明显增加。

1.1.8　城乡融合发展迈出关键步伐

城乡融合发展是破解城乡二元结构、推动乡村振兴与新型城镇化协同的重要路径。近年来，我国深入推进城乡融合发展战略，在城乡基础设施一体化、基本公共服务制度衔接、城乡要素自由流动等领域迈出关键步伐，城乡居民人均可支配收入之比由 2012 年的 2.88 降至 2024 年的 2.34（图 1-6），城乡协调发展格局初步形成。

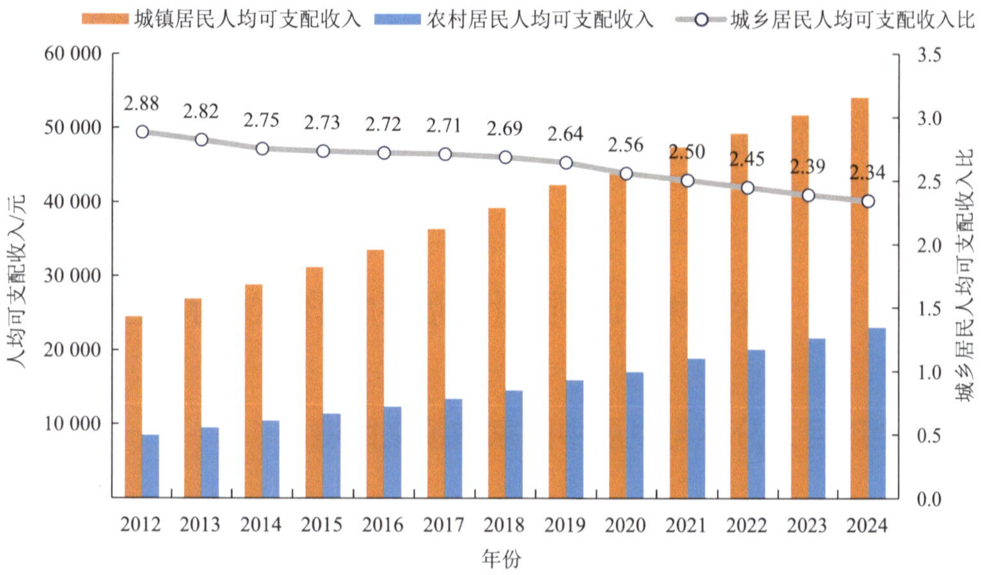

图1-6　2012～2024年全国城乡居民人均可支配收入及其比值变化

城乡基础设施一体化水平整体提升。党的十八大以来，全国各地积极推动城乡基础设施规划建设一体化，农村路网、供水、供电、信息通信设施显著改善。截至2023年底，全国农村公路总里程达460万公里，实现所有具备条件的乡镇和建制村通硬化路；农村自来水普及率达到90%，基本解决了农村居民安全饮水问题；城乡电网一体化水平显著提高，农村电网供电可靠率提升至99.9%；城乡信息基础设施建设加快推进，全国行政村基本实现光纤宽带和4G网络全覆盖，城乡数字鸿沟明显缩小。

城乡基本公共服务制度衔接更加紧密。城乡基本公共服务均等化步伐明显加快，教育、医疗、养老等基本公共服务的城乡差距进一步缩小。截至2023年，全国城乡义务教育一体化稳步推进，农村地区义务教育学校办学条件显著改善，城乡义务教育基本实现统一标准；城乡医疗卫生服务一体化建设不断深化，县域医疗卫生共同体建设覆盖率超过90%，全国基本医疗保险参保覆盖面稳定在95%以上；城乡居民基本养老保险覆盖超过5.5亿人，城乡养老服务网络日益完善，农村居民养老难的问题得到有效缓解，城乡居民基本公共服务水平显著提高。

城乡要素自由流动制度性通道基本打通。国家持续深化城乡融合发展的体制机制改革，加快建立城乡统一的土地、劳动力、资本、技术等要素市场。农村土地“三权分置”改革深入实施，农村土地承包经营权流转市场逐步完善，土地要素合理配置和流动效率显著提升；城乡劳动力市场进一步融合，农业转移人口落户限制持续放宽，人才、劳动力自由流动更加顺畅；城乡资本、技术等生产要素流动渠道进一步拓宽，各类资本加速流入乡村，城乡产业融合发展势头明显增强。

1.2　探索城市高质量发展的中国式新路径

1.2.1　全球巨大分异与发展中国家城镇化困境

城市化是全球性现象，但各国发展路径差异巨大。发展中国家此前并未形成一条清晰、成熟且可以复制的城市化道路，而以西欧和北美为代表的老牌工业化国家则已逐步建立起一套相对成熟的城市化范式。18 世纪工业革命推动大量初级工业人口从农村向城市迁移，城市逐步演化为以工业生产和商品流通为核心的经济中心，生产性功能占据主导地位，发达国家经历了长期的城市化与工业化互动发展阶段。相比之下，发展中国家在城市化进程中往往面临结构性矛盾的困境。20 世纪初，拉美国家的城市化速度快于工业化速度，但受全球化及市场经济波动影响，许多国家陷入经济结构调整困难、贫富分化加剧、城市空间极化以及资源环境压力增大的“过度城市化”困境，出现大规模非正规住区。非洲国家人口规模巨大，但由于历史、体制等因素工业化起步较晚，基础设施和公共服务长期滞后，城镇人口正从分散向集中转变，规模经济效应弱化，进而加剧了“低水平均衡”与城市贫困问题。部分东南亚国家的大城市集聚效应显著，但快速城市化与有限环境承载力之间的矛盾日益尖锐。其他发展中国家城镇化进程也均面临严峻挑战，尚未形成可供借鉴的系统化、可推广的城市化模式。

1.2.2　中国走出了一条符合国情的城镇化道路

改革开放四十多年以来中国城镇化进程构建了具有中国特色的发展路径。中国早期依托经济特区、开发区等试点政策，通过集聚和选择效应加快工业化进程，利用东部沿海区位优势承接全球产业转移，推动农村剩余劳动力向沿海城市快速流动，同时降低新设市和建制镇的标准，激发小城市的活力，为全国城镇化奠定坚实基础。党的十八大以来，党中央先后召开中央城镇化工作会议和中央城市工作会议，明确提出城市建设必须坚持以人民为中心的发展理念，回答了建设什么样的城市、怎样建设城市等重大理论和实践问题，推动城市高质量发展迈上新台阶。全面贯彻新发展理念，坚持供给侧结构性改革主线，引导城市发展由单纯追求规模扩张转向注重质量内涵提升。党的十九大报告进一步明确，城镇化必须与新型工业化、信息化以及农业现代化协同推进，在区域发展、社会保障、公共服务和资源环境优化等方面进行全局性战略布局。重点提出构建城市群、推进京津冀协同发展、实现农业转移人口市民化、推动城乡义务教育一体化和基本公共服务均等化，强化城乡统筹、提高人居环境整治水平以及完善社会治理体系等理念，为中国城镇化发展指明方向。将乡村振兴战略纳入城镇化总体框架，促进县域经济发展和城乡要素双向流动。各项举措综合发力，截至 2024 年底全国常住人口城镇化率已经达到 67.00%，京津冀、长三角、粤港澳大湾区经济总量占全国的比例超过 40%，老旧小区改造和保障性住房建设不断推进，“15 分钟生活圈”建设提升公共服务均等化水平，1.5 亿农业转移人口市民化进程加速，生态环境、民生福祉和治理效能均得到改善，展现了中国城市高质量发展的全新局面。

1.2.3　中国城镇化道路为全球提供了借鉴经验

中国的城镇化模式是在符合本国国情的基础上，通过体制创新和技术革新，实现政府主导的渐进式改革与市场活力释放的有机结合。既充分发挥政府在战略规划和资源配置中的引导作用，又激发市场主体的创造力和活力。这一发展历程不仅彰显了中国城镇化模式的独特优势，还为全球发展中国家提供了可借鉴的实践范式，助力其探索符合国情的城镇化道路。从全球视野来看，中国城镇化发展恰好处于承上启下的中间阶段，具有承前启后的性质特点，既得益于对欧美成熟城镇化经验的吸收和再造，又凭借自身较高的发展水平在经济增长、就业促进、基础设施改善及消除贫困等方面积累了宝贵经验。一方面，欧美等发达国家经过长时间的城市化积淀，已形成一套成熟的经验体系、技术模式和治理机制，这些丰富的经验为中国新型城镇化建设提供了重要的理论启示；另一方面，相较于一些发展中国家，中国城镇化模式在推动区域协调、优化资源配置和改善人居环境等方面具有明显优势，为全球发展中国家和地区的城市化进程提供了很好的示范和样本作用。与此同时，中国在城镇化进程中遇到的诸多困难与挑战也为全球城市治理提供了警示和反思的契机。如此，城镇化的全球合作拥有良好前景，而中国在这一进程中扮演着重要的纽带角色，通过不断深化与各国在城市规划、治理模式及可持续发展等领域的交流合作，为构建全球城市化发展新范式贡献智慧与力量。

1.3 构建马克思主义城市发展理论的中国化新体系

马克思主义理论认为，现代城市的形成并非简单的自然聚集，而是在资本不断追求剩余价值的过程中通过空间重组和地理扩张实现的社会生产现象，服务于资本增值而非居民福祉。资本在全球竞争中不断寻求新的积累路径，将城市转化为实现劳动再生产的集中地。为了实现利益最大化，不断的空间投资和资源重新配置加速城市化进程，但同时加剧由资本运作内在矛盾引发的社会不平等与空间失衡问题。针对这一矛盾，马克思主义主张国家在满足教育、住房、交通等“集体消费”需求的同时，必须保持政策的相对自主性，以制约资本无序扩张，并利用城市集聚效应和规模经济带来的正向外部性推动社会整体协调发展。改革开放以来，中国在马克思主义理论的指导下，坚持以人民为中心的发展理念，探索出一条区别于资本主义模式的城市发展道路，努力调和资本扩张与公共利益的矛盾，实现了城市治理目标、城乡社会形态和区域空间关系的历史性转变。在保证社会公平与空间正义的前提下释放城乡空间潜力，推动城镇化进程向高质量发展转变，从而为全球发展中国家提供了独特而宝贵的治理经验。

1.3.1 构建以人民为中心的城市治理新范式

在马克思主义“人民主体”思想指导下，中国城市治理摆脱了西方城市空间再生产中单一市场逻辑的主导地位，确立了以人民利益为中心的制度导向。在“人民城市人民建，人民城市为人民”的治城理念指引下，城市治理的目标从追求效率最大化转向以提升人民福祉为核心，强调空间正义、社会公平、多主体共治和社会空间重组，避免城市沦为资本增值的“增长机器”。这一范式转变不仅回应了马克思主义关于空间异化、城市商品化与社会分层的批判，探索出一条从资本驱动转向人民驱动的具有中国特色的社会主义城市治理道路；还突破了资本逻辑主导城市治理的局限，将“城市权利”从抗争性话语转化为国家制度保障下的有序参与，为全球超大城市的公平治理与社会整合提供了具有普遍意义的治理经验。

从市场主导转向民生福祉的城市治理模式。中国式现代化进程中，中国城市治理始终以空间正义为价值引领，实现了从资本逻辑主导到人民需求导向的范式转换。通过构建有为政府、有效市场、有序社会三元一体的城市治理体系，将“人民主体性”深刻注入城市治理过程。积极推动公共服务均等化配置，打破资本主导的空间极化；创新性提出“15 分钟生活圈”“15 分钟健身圈”“15 分钟社康圈”“15 分钟养老服务圈”“共享型生活圈”等城市规划理念，实现教育、医疗、养老、康养等公共服务设施的科学布局和资源利用最大化。构建“高端有市场、中端有支持、低端有保障”的多层次住房保障体系，形成市场调节与政府保障有机结合的住房供应机制，有效抑制房地产投机属性，保障了城市居住权的公平实现。

多主体参与和全过程人民民主的基层治理结构。创新性发展马克思主义人民自治理论，构建党建引领下的多元共治格局，形成具有中国特色的政府引导、市场协同、社会参与的“纵向贯通、横向联动”的空间治理体系。通过推动基层组织、社区治理与数字化平台融合发展，形成成都“共建共治共享”社区、杭州“邻里中心”、北京“劲松模式”等多元共治的治理结构及实践模式，实现了基层治理从单一行政管理向多元社会协同的转变，使广大市民真正成为城市空间使用与决策的共同参与者和受益者，为全球基层治理提供了兼顾效率与公平、民主与秩序的中国方案。

打破公共服务私有化等级化的社会制度改革。紧扣群众在住房、教育、医疗、交通等领域的现实关切，通过建立政府主导的普惠性公共服务体系破解了公共服务市场化改革困境。采取“多校划片”、义务教育教师轮岗、医疗联合体等创新制度，将公共服务从市场竞争的商品属性中剥离，打破了资本对优质公共服务的空间垄断与阶层分割，推动优质教育、医疗资源下沉基层。既避免了福利国家的财政不可持续问题，又克服了公平性缺失问题。

1.3.2 推进发展正义和民生导向的城乡空间重构新实践

马克思主义指出，城乡之间的融合“单靠意志是无法实现的”，必须通过生产力重构、制度创新与发展模式转型破解失衡格局，促进融合发展。中华人民共和国成立以来，城乡关系经历了“城乡二元—城乡统筹—城乡一体—城乡融合”的发展转变，实现了从“单向输血”向“融合发展”的转型。不同于资本主义国家“以资本为中心”的城乡发展目标定位，中国始终将人民幸福、中华民族伟大复兴作为城乡融合发展的目标指向。自党的十八大以来，解决城乡分离问题已经成为新时代城乡关系重构的重要突破口。通过实施新型城镇化和乡村振兴战略，中国早已将农业农村系统性纳入国家现代化的整体布局，构建绿色、包容、韧性的城镇体系，逐步打破城乡二元结构，塑造了功能互补、协调发展、共同富裕的新型城乡关系，实现了城乡空间的有机融合。中国式现代化进程中的城乡融合发展不仅创造了城乡关系发展的新模式，丰富了马克思主义关于城市与乡村关系的理论体系，更是对资本主义现代化的城乡关系和发展模式的超越，同时拓展了城乡发展理论在发展中大国的适应性边界。

突破二元结构的制度供给创新。以新型工业化和新型城镇化带动乡村全面振兴，将完善城乡融合发展体制机制和政策体系贯穿中国式现代化全过程。以财政转移支付、户籍制度、土地制度和社会保障制度改革为核心，构建起系统性制度供给体系，提高城乡空间协同治理能力。通过户籍制度改革消除人口流动制度壁垒，截至 2022 年推动 1.4 亿农业转移人口落户城镇，实现从“农民”到“市民”的身份转变和权利共享，推动城乡居民户籍权、财产权等基本权益平等化。通过土地制度改革激活农村要素市场，打破城乡土地市场分割的局面，实现城乡地权平等和土地增值收益的公平分配。通过社会保障制度改革实现养老保险全国统筹、完善医保跨省结算，建立城乡衔接、全民覆盖、具有更高质量的福利体系。

构建功能互补的城乡空间共同体。立足新时代发展需求，以县域城镇化战略和乡村建设行动为抓手，推动城乡规划、建设和治理一体化，构建起功能互补、产业协同、交互共进的城乡发展共同体。在空间结构的重新配置中，国家、市场与社区多元主体共同参与，推动城乡之间由发展对立走向功能互补。通过引导中心城市聚焦高端制造和现代服务业，推动县域承接劳动密集型产业并培育特色集群，加速乡村发展生态农业和休闲文旅，形成“城市创新-县域承接-乡村特色”的三级分工体系。在基础设施和公共服务建设方面，贯彻落实“人民至上”理念，将建设重心放在农村，不断增强城乡发展的平衡性和协调性，切实维护和保障社会公平正义，是对西方国家由资本积累和资本空间运动主导的“先城市、后乡村”的城市中心主义发展道路的超越。

1.3.3　重塑人地协调与区域平衡的现代化发展新格局

相较于西方城市化过程“去工业化”与“空间碎片化”失序格局，中国的新型城镇化路径注重人口集聚与空间承载力的协调匹配，通过发展城市群和都市圈实现区域一体化与功能互补，避免空间扩张带来的无序蔓延与资源错配。自“九五”计划正式提出区域协调发展以来，中国聚焦区域不平衡发展问题，以构建新发展格局为根本方向，以推进高质量发展为根本要求，以增进民生福祉为根本宗旨，坚持系统观念，提出主体功能区规划、“三区三线”划定等战略性空间治理工具，构建起新时代中国特色社会主义空间治理的新格局，实现了空间正义与可持续发展的统一，充分体现了中国特色社会主义制度体系的持续创新能力，以制度化方式实现了城市发展中人与空间、经济建设与环境保护的有机统一，为实现高效、公正、可持续的区域发展提供了稳固支撑。

破解区域不平衡发展的空间发展新格局。自“一五”计划启动大规模经济建设以来，我国便确立了区域生产力均衡布局的战略思路。为破解区域发展失衡难题，一方面，深入实施西部大开发、东北振兴、中部崛起等区域协调发展战略，通过国家主导的资源再分配和政策倾斜建立差异化的区域政策框架，有效修正了市场自发形成的空间不平等；另一方面，创新性地推进主体功能区战略，使空间规划真正遵循自然规律和社会需求，而非单纯地服从资本增值逻辑，并通过“西电东送”“西气东输”等重大基础设施工程打破了资源禀赋差异造成的空间壁垒，构建起优势互补、高质量发展的区域经济新格局。

超越行政区经济的要素协同治理。建立跨区域合作机制及“经济区与行政区适度分离”改革试验区，在交通互联、产业协作、公共服务共享等领域打破行政边界，实现生产要素自由流动，探索出兼顾市场统一与地方特色的治理新模式，突破了西方区域发展中“行政区经济”的局限。建立跨省（自治区、直辖市）的全国统一大市场，充分发挥中央主导型产业政策的“统一”作用，降低地方主导型产业政策的“分割”性，彰显了社会主义市场经济体制在区域协调发展方面的独特优势。

重构生态文明的空间价值实现范式。将马克思主义生态观与当代可持续发展理论相结合，开创了生态文明建设的新路径。创新性提出“绿水青山就是金山银山”的发展理念，建立跨区域的生态补偿和市场交易机制，使生态产品价值实现从理论构想转化为制度现实，实现生态保护与民生改善有机融合。通过“生态红线”“国家公园体制”等制度，明确自然资源的公共属性，以制度优势避免资本对关键生态资源的无序占有。将生态正义纳入社会正义范畴，实现生态保护、经济发展与民生改善的有机统一，避免资本逻辑将环境正义沦为阶级压迫工具。

1.3.4　提出全球城镇化与城市治理的中国方案与新路径

党的十八大以来，中国在不断应对城市治理复杂性挑战的实践中，逐步形成了系统完备、具有可复制性的城市治理模式，为“全球南方”国家提供了应对现代化转型难题的“中国方案”。面对现代城市系统中空间正义与资本效率、生态约束与发展需求、政府调控与市场机制、资源供给与人口增长、数字治理与隐私保护等多方矛盾，中国始终坚持问题导向，坚持顶层设计与基层探索协同推进，注重治理自主性与因地制宜路径相结合，在动态调整中形成符合本国国情的发展逻辑。中国通过国土空间规划、“三区三线”管控等制度设计抑制城镇无序扩张，以户籍改革和土地“三权分置”破解城乡二元结构，并依托“试点—推广”的渐进式策略实现治理机制在不同区域的复制和优化，为其他发展中国家探索出一条超越西方高消耗城镇化模式的“去依附”发展路径。在政府调控与市场机制间建立弹性边界，提出“政府-市场动态平衡”的治理哲学，通过“制度性话语权”重构全球城市治理规则。通过不断提高制度输出与经验共享的能力，中国为全球城市治理体系注入更多包容性与多样性，促进全球城市治理体系的协同演进。

第 2 章　城市发展的新阶段、新环境与新趋势

当前我国城镇化与城市发展正在经历深刻变革，面临新阶段、新环境与新趋势的交织挑战。我国城镇化已步入中后期发展相对成熟阶段，处于从“规模扩张”向“质量提升”的关键转型时期。核心是推进以人为本、协同发展、包容共享、可持续的新型城镇化路径。城市发展的新环境呈现复杂性与不确定性，我国面临着中美战略博弈升级，贸易战、科技制裁与金融对抗加剧；国际层面，全球债务–滞胀困局、技术革命重塑产业格局、地缘冲突与气候危机叠加；国内则处于高质量发展攻坚期，经济转型承压、人口结构剧变、城乡融合矛盾与低碳转型紧迫性并存。在此背景下，城市需锚定四大趋势，以“人本导向”破解“进城易、融入难”困局，构建包容性智慧城市；以新质生产力驱动创新引擎，释放产业升级动能；以绿色低碳重塑空间治理，支撑“双碳”目标实现；以城乡双向流动促进要素协同，推动共同富裕。面对多重目标协同的复杂命题，城市需在制度创新、治理效能与可持续发展能力上突破瓶颈，构筑中国式现代化的新型动力机制。

2.1　城镇化与城市发展新阶段

我国城镇化已步入中后期发展相对成熟阶段，处于从“规模扩张”向“质量提升”的关键转型时期。这一时期的城镇化进程呈现出“先加速后减速”的曲线特征，增速逐渐放缓，从早期的高峰期 1.6 个百分点回落至 2024 年的 0.84 个百分点。自 2011 年城镇化率突破 50% 以来，我国城镇化率以年均约 1.1 个百分点的增速稳步提升，“十四五”规划提出的“常住人口城镇化率提高到 65%”的目标已提前完成，正向 70% 迈进。如图 2-1 所示，与美国、日本等发达国家相比，我国在保持城镇化率较快增加的同时，通过新型城镇化战略和制度创新避免了“过度城镇化”的风险，展现出人口超大规模经济体独有的稳定性与渐进性。

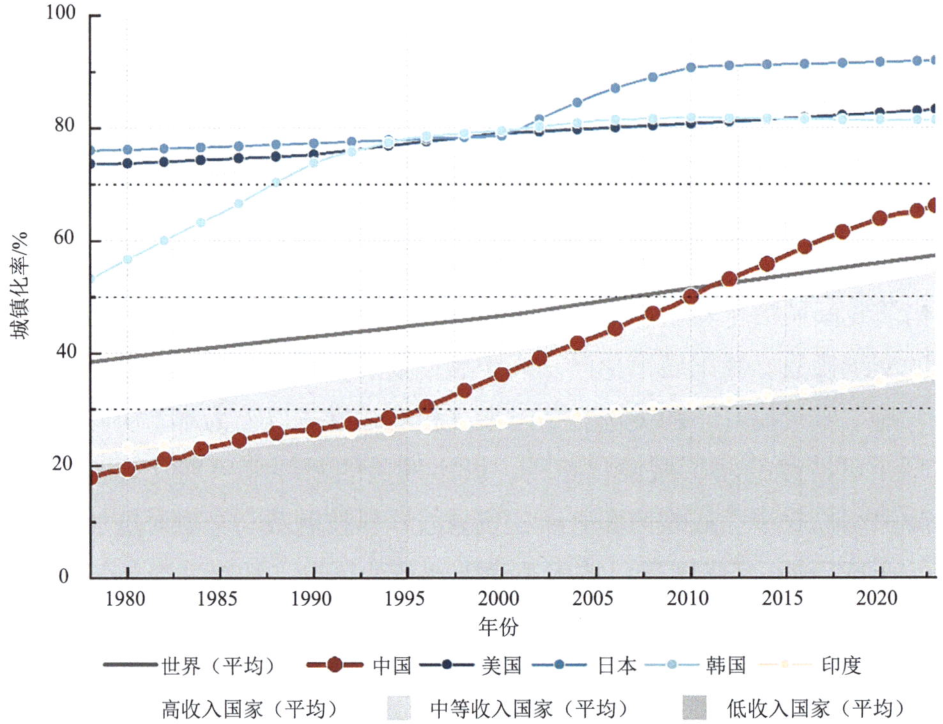

图 2-1　城镇化水平

在这一城镇化转型的新阶段，**城市发展重心正从土地与人口的扩张转向“以人为核心”的高质量发展。**新型城镇化不仅是数量的变化，更是发展内涵的全面升级，关键在于实现人本性、协同性、包容性与可持续性的有机统一。**第一，人本性要求将人的全面发展作为出发点和落脚点。**这不仅体现为“进得来”的城市准入机制，还需真正实现“留得下、融得进、过得好”的生活保障。在西方城市发展史中，“以人为本”理念强调个体权利和空间正义，如新城市主义倡导“以人为尺度”的紧凑、多功能、充满活力且可持续的社区，注重社区参与和日常生活便利。然而在实践中，这一理念往往受制于市场逻辑，容易导致低收入群体空间边缘化、社会隔离加剧。相比之下，中国的新型城镇化更强调制度性安排，例如，推进户籍制度改革、完善常住人口公共服务供给机制体现了对群体性权益的渐进扩展。但当前仍面临权利赋能不足、市民化推进滞后等瓶颈。**第二，协同性强调城镇化与产业发展、基础设施建设、生态保护之间的统筹协调，避免“人口集中-功能分散”的失衡局面。**中国部分城市“产城分离”问题仍较突出，城市空间快速扩张与产业资源分布不同步，导致通勤负担、城市病加重。因此，亟须强化“人-地-产”关系的整体性治理，推进职住平衡、基础设施一体化等系统性改革。**第三，包容性要求不同群体在城市中平等享有基本权利，避免空间排斥与社会分层。**西方城市由于住房市场主导，存在大量“居住隔离”现象，而中国在快速城镇化过程中也出现了“进城易、融入难”的结构性矛盾，公共服务覆盖与人口流动的空间不匹配。亟须通过普惠性政策优化教育、医疗、社保等资源配置，提高新市民、农民工、老年人等弱势群体的城市融入感与归属感。**第四，可持续性强调生态环境承载能力与城镇化质量的协调发展。**过去城市扩张依赖于土地财政与高耗能建设，带来了生态压力与资源浪费。新阶段应转向绿色、智慧、紧凑型城市发展模式，注重生态空间保护、绿色建筑推广、低碳交通体系建设，推动城市从“外延扩张”向“内涵提升”转型。

2.2　城镇化与城市发展新环境

2.2.1　中美关系：战略博弈竞争关系加剧

贸易战持续深化。自 2018 年特朗普政府启动以来，美国对中国实施了一系列贸易打压政策，如对中国输美商品加征高额关税、限制技术出口以及推动供应链本土化。而在特朗普第二届任期美国进一步采取了一系列更为强硬的措施，以深化对中国的贸易战。2025 年 2 月起，美国先对所有中国进口商品加征 10% 的关税，涉及电子产品、服装、农产品等领域，并在 3 月将这一税率提高至 20%，叠加此前“301 调查”实施的 25% 关税，中国输美商品最高综合税率将达 45%；同时，美国取消了对中国内地和中国香港低于 800 美元包裹的免税政策，进一步遏制中国低价产品进入美国市场。

产业遏制升级。美国持续强化对华技术遏制网络，通过出台一系列政策举措，试图在科技、产业、贸易等多个领域与中国进行“脱钩”。在半导体、人工智能等高科技战略领域，美方通过“反向审查机制”限制美资在华技术合作，并将管控范围延伸至开源生态与学术交流等活动。在贸易领域，中国制造业面临“双向挤压”。一方面，纺织服装等劳动密集型产业向东南亚转移，2022 年中国生产的服装占美国进口服装的 40.9%（低于 2018 年的 47%），而越南（20.5%）、孟加拉国（6.1%）、柬埔寨（6%）和印度尼西亚（3.4%）同期在美国服装进口中所占比例均有所上升。另一方面，新能源汽车等战略产业遭遇《欧盟新电池法》在碳足迹、回收利用等环保方面提出的多项限制要求，将制约中国企业并抬高成本，削弱竞争力，给出口业务带来冲击。同时，关键矿产供应链“政治化”加剧，美国将关键材料视为维持其经济、科技和军事霸权的核心，并通过政策调整强化全球供应链控制。特朗普政府在“美国优先”战略指导下，将战略性资源作为国家竞争力和安全的关键支柱，针对中国加快实施资源管控与替代部署。在全球范围，特别是在东南亚、拉美等地加快产业链替代布局，推动关键原材料和下游产品的本地化、友岸化生产，意图重塑全球供应链格局并降低对中国的依赖。

金融体系对抗性增强。美元武器化加速全球金融体系分化，2025 年 1 月环球银行金融电信协会（SWIFT）系统显示美元占全球支付总额的 50.17%，继续稳居全球第一市场支付份额。人民币在全球支付体系中的地位稳步上升，已位列全球第四大最活跃货币。越来越多的国家主动参与人民币结算体系，人民币国际化进程不断推进。但其在全球支付市场中的占比仍相对较小（不足 5%）。同时，2025 年 2 月美国财政部外国资产控制办公室（OFAC）将 6 家中资银行列入特别指定国民（SDN）清单，被列入美国 SDN 清单的中国实体将面临资产冻结、全球交易禁令、供应链断裂、国际声誉受损、市场准入受限等全方位制裁，并面临长期商业信任重建的挑战。更具结构性影响的是，美国设置了一系列金融基础设施的排他性规则。美国财政部援引《国际紧急经济权力法》升级制裁措施，要求所有使用美国清算所银行同业支付系统（CHIPS）的金融机构切断与被制裁中资银行的报文往来，导致这些银行无法通过美元清算主渠道完成跨境交易。此举直接冲击中国与中东、拉美等新兴市场的能源贸易结算，迫使多国启动应急机制，将部分交易转向中国香港离岸人民币（CNH）系统和上海原油期货人民币计价体系。

战略资源博弈白热化。新能源革命催生“21 世纪资源战争”，锂、钴、镍等关键矿产成为大国博弈焦点。美国通过《通胀削减法案》构建“电池矿产联盟”，要求新能源汽车制造及供应链本土化，增加供应链重塑的挑战性，使中国新能源汽车产业在全球市场竞争中面临更大阻力，同时短期内美国仍难以完全摆脱对中国电池供应的依赖。面对美国的封锁和供应链重构压力，中国正加速推进锂、钴、镍等关键矿产的全球布局，深化与拉美、非洲及东南亚资源国的合作，巩固供应链安全，并加快新能源电池技术的创新突破，以降低对海外原材料的依赖。

2.2.2　国际环境：百年变局不确定性增强

全球债务-滞胀困局。世界银行 2024 年发布的《全球经济展望》报告指出，2020～2024 年成为 1994～2024 年全球经济增速最慢的五年（图 2-2）。2023 年，全球债务水平达到 313 万亿美元，其中，新兴经济体债务与国内生产总值（GDP）的比值达新高。对我国形成输入性通胀与结构性通缩叠加的冲击，增加了国内经济增长的不确定性。受美欧主要经济体紧缩货币政策影响，全球流动性收缩导致融资成本上升，新兴市场资本外流压力上升，人民币汇率波动加大，进一步放大输入性通胀压力。同时，全球需求疲软与产业链重塑导致我国部分出口导向型行业订单减少，企业投资意愿下降，加剧了国内有效需求不足的结构性通缩问题。

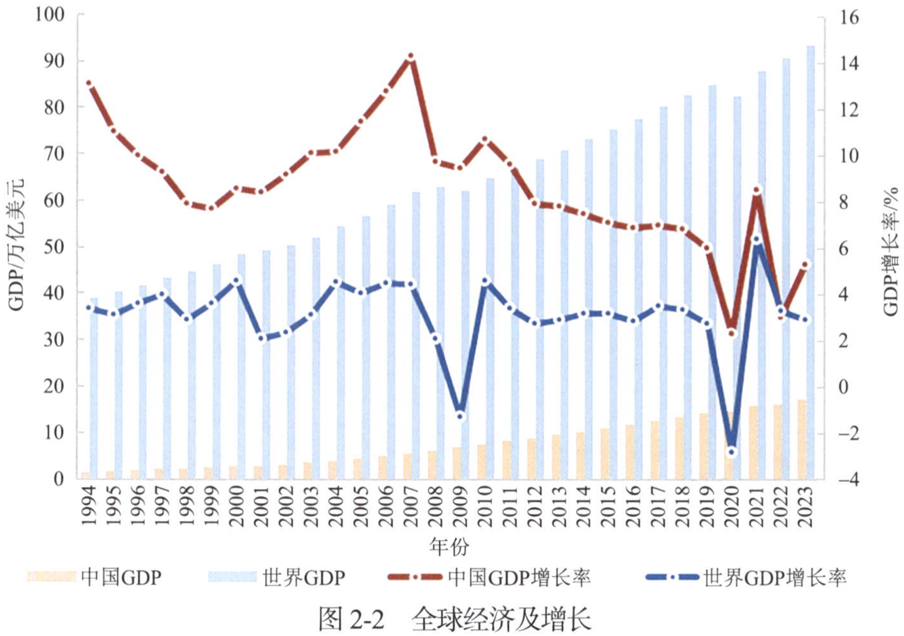

图 2-2　全球经济及增长

技术革命重塑产业格局。生成式人工智能（AI）正在引发一场生产力革命，根据中国信息通信研究院测算的数据，2023 年全球计算设备算力总规模达 1397EFLOPS，增速高达 54%，预计到 2030 年，智能算力占比将超过 90%。目前，新能源正成为全球技术革命重塑产业格局的关键驱动力之一。以光伏、风能和储能技术为代表的新能源产业在技术突破和成本下降的双重推动下正加速取代传统化石能源，重塑全球能源结构。根据国际能源署（IEA）统计的数据，2023 年全球新增可再生能源发电装机容量达到 507 吉瓦，同比增长约 50%。其中，中国贡献了超过一半的新增装机容量，巩固了其在全球新能源产业链中的主导地位。《2023 年可再生能源：到 2028 年的分析和预测》显示，2023~2028 年，全球可再生能源装机容量将继续保持上升趋势。

粮食能源安全危机常态化。地缘冲突引发能源体系重构，进一步加剧了全球粮食与能源安全危机的常态化趋势。从 20 世纪 90 年代至 2020 年左右，全球能源供应体系总体保持相对稳定。但自 2021 年以来，在新冠疫情后需求反弹、2020 年沙特阿拉伯-俄罗斯油价战，以及 2022 年俄乌冲突爆发后，地缘政治紧张局势大幅升级，能源市场经历显著剧烈波动。这不仅影响了能源进口国的经济增长，还进一步提高了粮食生产成本，加剧了全球粮食危机。2024 年《全球粮食危机报告》（GRFC）显示，2023 年 59 个国家/地区的近 2.82 亿人面临严重的突发性饥饿问题，比 2022 年增加了 2400 万人左右（图 2-3）。

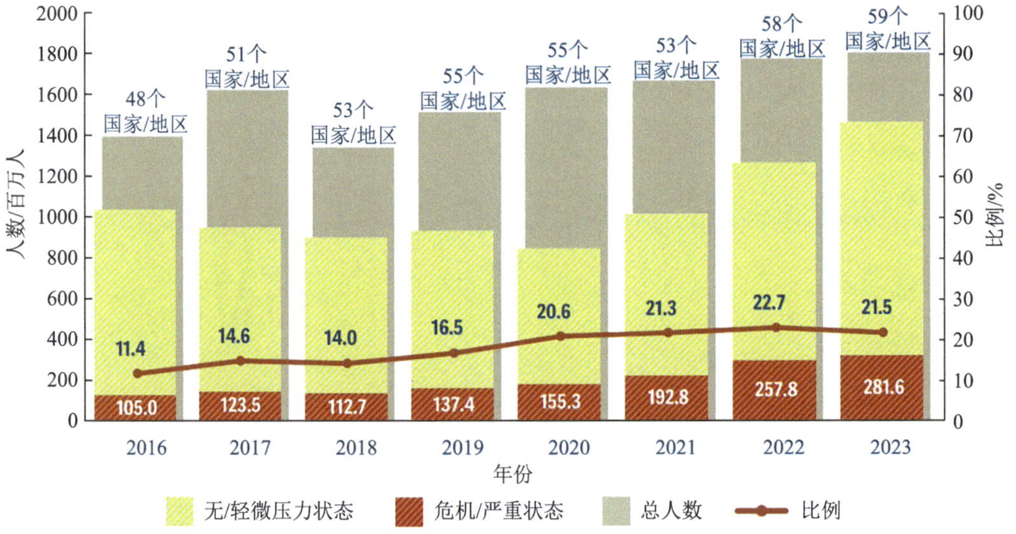

图 2-3 2016～2023 年全球粮食危机应对国家/地区面临严重粮食不安全人口数量及占分析人口比例

地缘政治冲突复杂化。近年来，全球地缘政治冲突呈现复杂化趋势，平民遭受暴力、冲突事件以及卷入暴力的武装团体数量正在激增。不仅涉及的国家和地区增多，冲突的驱动因素也由单一矛盾向政治博弈、资源争夺、民族宗教等多维度交织演变，其影响范围呈现跨区域扩散特征。截至 2024 年 12 月，据统计全球冲突在 2020～2024 年底翻了一番，2020 年有记录冲突事件约 10 万起，2024 年同期有记录冲突事件近 20 万起。保守估计 2024 年超过 23 万人死亡，这主要是由乌克兰、加沙和缅甸三个主要地区冲突造成的，外加许多其他冲突率高的国家和地区（包括苏丹、墨西哥、也门和萨赫勒）的持续暴力。其中，巴勒斯坦被武装冲突地点和事件数据库项目（ACLED）组织认为是 2024 年世界上最危险、最暴力的地方，其 81% 的人口暴露在冲突中，2024 年有 35 000 人死亡（自 2023 年 10 月 7 日哈马斯袭击以来超过 50 000 人），平民几乎每天都受到轰炸和入侵的攻击。这些冲突正逐渐突破传统军事对抗范畴，发展为政治干预、经济制裁、信息舆论战与气候难民危机并发的复杂系统。

全球气候危机与治理博弈。全球气候危机已经成为人类社会面临的最紧迫挑战之一，其影响不仅限于生态系统的退化，还涉及经济发展、社会稳定以及全球治理体系的深刻变革。根据全球大气研究排放数据库（EDGAR）统计，全球 2023 年二氧化碳排放总量（不包括土地利用、土地利用变化及林业）创历史新高，达到 390.2 亿吨碳当量，如图 2-4 所示。2014～2023 年的二氧化碳排放总量年均增长率为 2%。世界气象组织报告称，2023 年成为有记录以来最热的一年，全球年平均气温较工业化前（1850～1900 年）上升了（1.45±0.12）摄氏度，超过了历史上最热年份的升温幅度，并且逐步接近《巴黎协定》设定

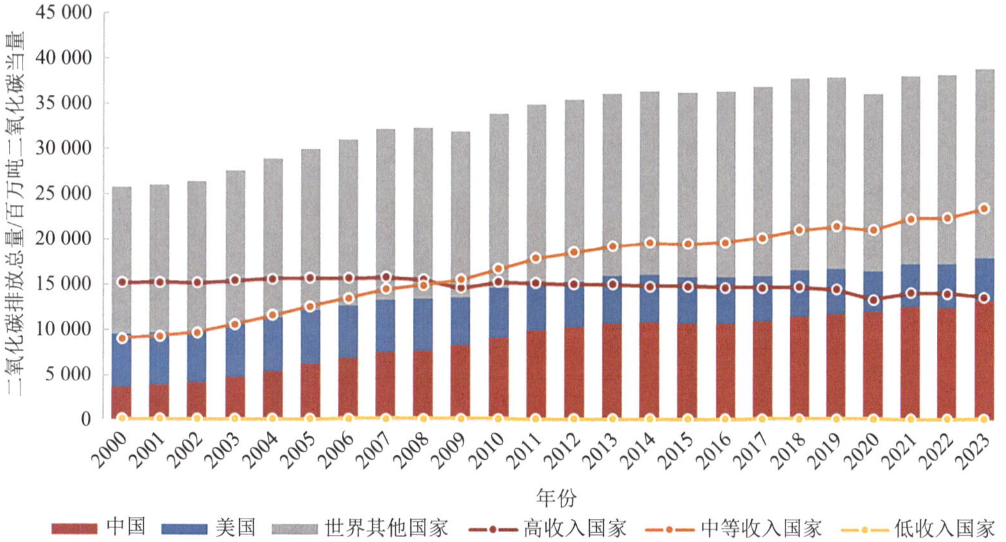

图 2-4　2000～2023 年全球二氧化碳排放总量

不包括土地利用、土地利用变化及林业

的 1.5 摄氏度气温上升限制目标。全球多个地区经历极端高温、暴雨、干旱和飓风等气候灾害。虽然各国普遍承认气候变化的严重性，但在治理过程中，各国之间的利益分歧使全球合作充满博弈。在碳排放责任上，发达国家历史累计排放量远超发展中国家，然而当前中国和印度等新兴经济体的碳排放量增长较快，使发达国家要求其承担更多减排责任，而发展中国家强调“共同但有区别的责任”原则，要求发达国家履行历史责任并提供技术和资金支持。

2.2.3 国内环境：高质量发展转型攻坚期

经济转型压力增强。中国经济转型在近年来面临的巨大攻坚压力主要体现在房地产市场和财政收支两大领域。房地产行业曾是推动中国经济增长的重要引擎，但随着人口红利的逐渐消失和城镇化进程的放缓，房地产市场的需求增速显著下降。国家统计局的数据显示，2024 年房地产开发投资完成额 10.03 万亿元，同比下降 10.6%，连续 3 年下降，房地产市场呈持续低迷态势，尤其在部分三四线城市，房地产库存积压严重，市场需求疲软，导致许多房地产企业资金链断裂，甚至出现债务危机。与此同时，房地产市场的疲软不仅直接影响了建筑、钢铁、水泥等行业，还对地方政府的土地财政收入造成了冲击。近年来，政府的税收收入增长乏力，财政收入增速逐渐放缓。如图 2-5 所示，2024 年，全国一般公共预算收入 219 702 亿元、支出 284 612 亿元，财政赤字为 64 910 亿元，相比于 2023 年扩大了 7120 亿元，同比增长了 12.3%，显示出财政支出增加与收入不足之间的矛盾。

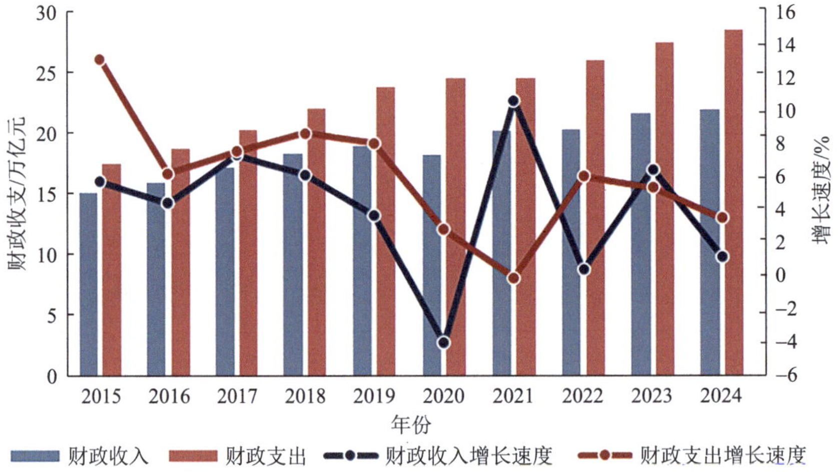

图 2-5　2015～2024 年财政收支情况

社会转型风险叠加。人口总量连续三年负增长，2024 年末中国总人口为 14.08 亿人（图 2-6），比 2023 年末减少 139 万人。全国 0～15 岁人口占 17.1%；16～59 岁劳动年龄人口占 60.9%；60 岁及以上老年人口占 22.0%。整体上人口红利仍然存在，但人口老龄化程度继续加深。中国老龄化呈现出规模大、速度快、未富先老、城乡倒置等特征。根据人口年龄结构分析，在未来几十年内，老龄人口的比例将进一步攀升，带来巨大的社会和经济挑战。与此同时，少子化趋势也更加明显。2024 年，中国出生人口 954 万人，比 2023 年增加 52 万人，自 2017 年以来首次回升。少子化的产生存在多方面原因，除了经济压力、教育成本和住房问题外，年轻人对婚姻和生育的态度转变至关重要，越来越多的年轻人选择推迟结婚或不结婚，甚至不愿生育。这一现象在大城市尤为突出，生育率的下降进一步加剧了人口结构的不平衡，导致劳动力供给不足，影响了经济的可持续增长。此外，社会分化和不平等问题加剧。2013～2023 年中国各收入分组家庭人均可支配收入整体增长，但高收入组的收入增幅明显高于低收入组，收入差距持续扩大，基尼系数虽然略有波动，但整体维持在较高水平（图 2-7）。2023 年东部地区人均可支配收入为 61 472 元，显著高于其他地区，中部地区人均可支配收入为 44 706 元，西部地区人均可支配收入为 44 136 元，东北地区人均可支配收入为 41 009 元。东部地区凭借较强的产业基础、优越的地理区位以及较高的市场化程度，在经济增长和居民收入水平上长期处于领先地位，而中西部和东北地区由于产业结构相对单一、经济增长动

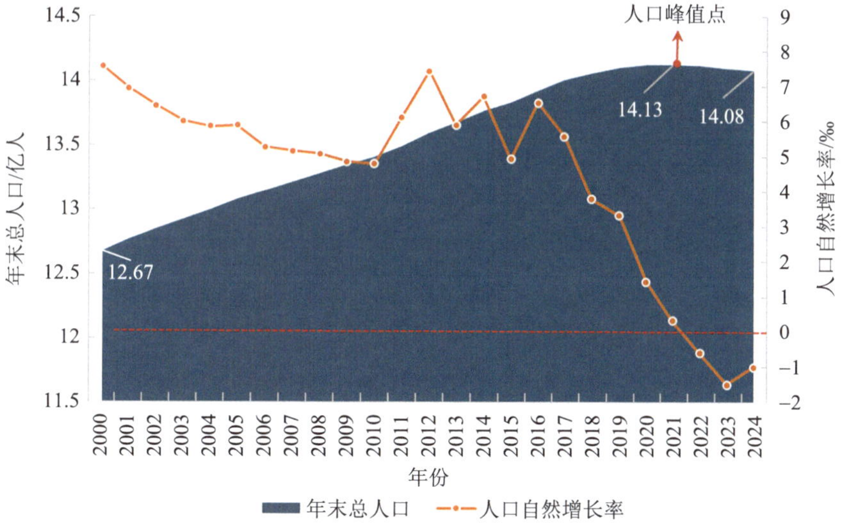

(a) 年末总人口与人口自然增长率变化情况

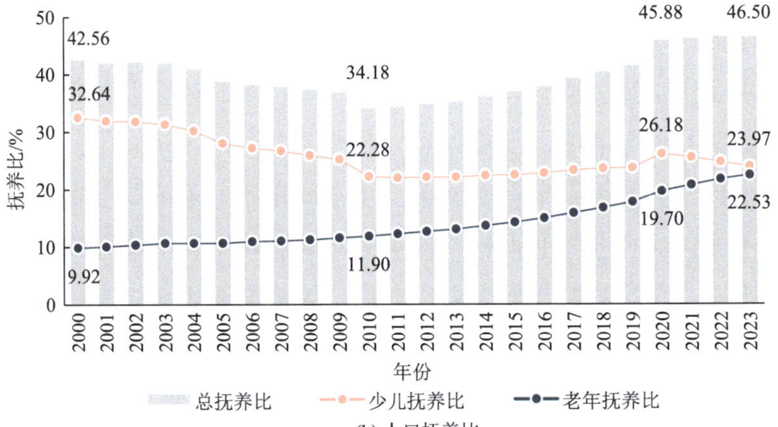

(b) 人口抚养比

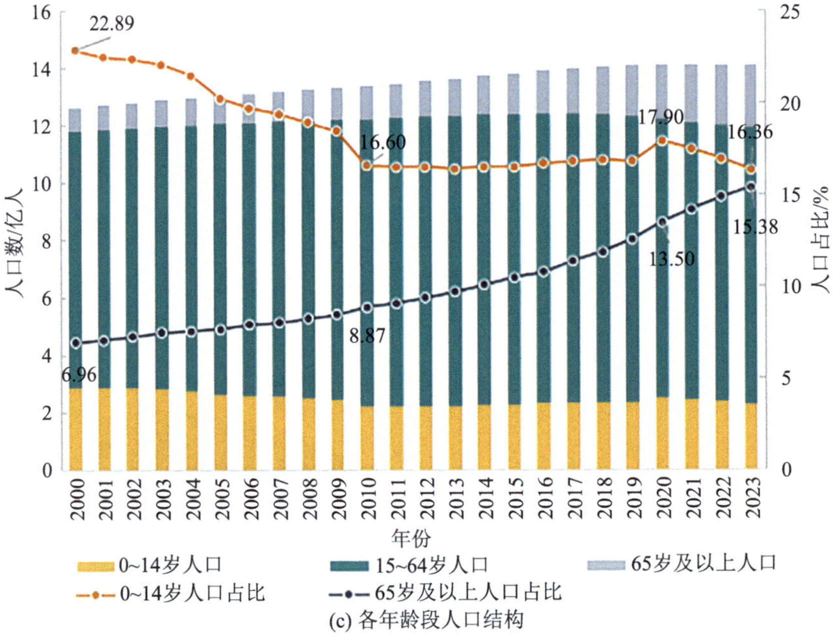

(c) 各年龄段人口结构

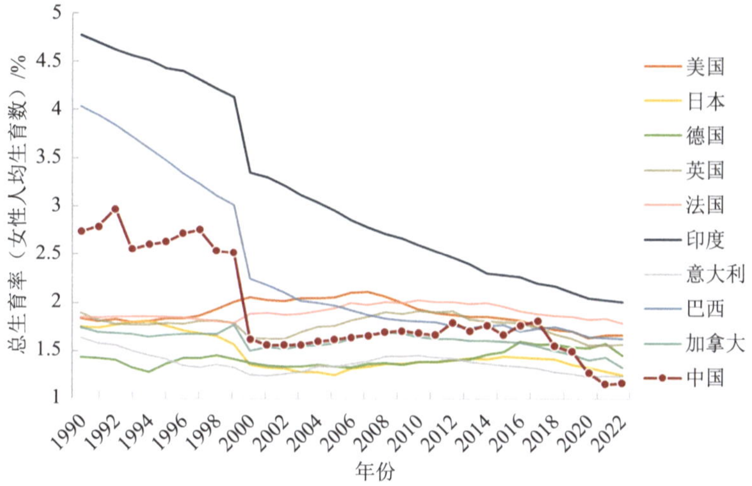

(d) 各国生育率

图 2-6　社会转型风险

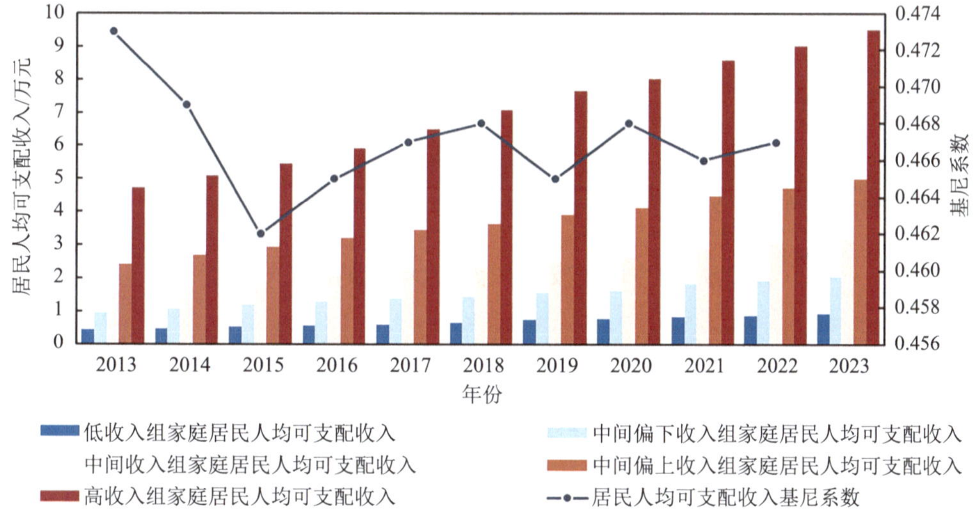

图 2-7　2013～2023 年按收入分组居民人均可支配收入及基尼系数

力不足，收入水平相对较低。虽然国家近年来实施了一系列区域协调发展战略，如“一带一路”倡议、西部大开发、中部崛起和东北振兴等政策，以缩小地区发展差距，但由于长期形成的产业结构、资源禀赋和市场机制等因素，东中西部和东北地区之间的收入鸿沟依然存在。

城乡融合发展矛盾突出。当前城乡发展不均衡和不协调的问题依然突出，2024 年城镇居民人均可支配收入为 54 188 元，而农村居民仅为 23 119 元，前者约为后者的 2.3 倍，城乡居民收入差距依然较大。同时，城乡高收入群体的人均可支配收入差距正在不断增大，从 2017 年的 4.6 万元上涨至 2023 年的 6.1 万元（图 2-8）。户籍制度及二元经济结构限制了城乡要素的合理流动和资源共享，使城乡公共服务与发展水平依然存在显著差距。一方面，制度障碍使近三亿农民工在居住、教育等方面难以融入城市生活，形成了长期流动而未能定居的状态；另一方面，农村则面临人口和产业空心化的问题，劳动力大量外流导致经济活力不足。

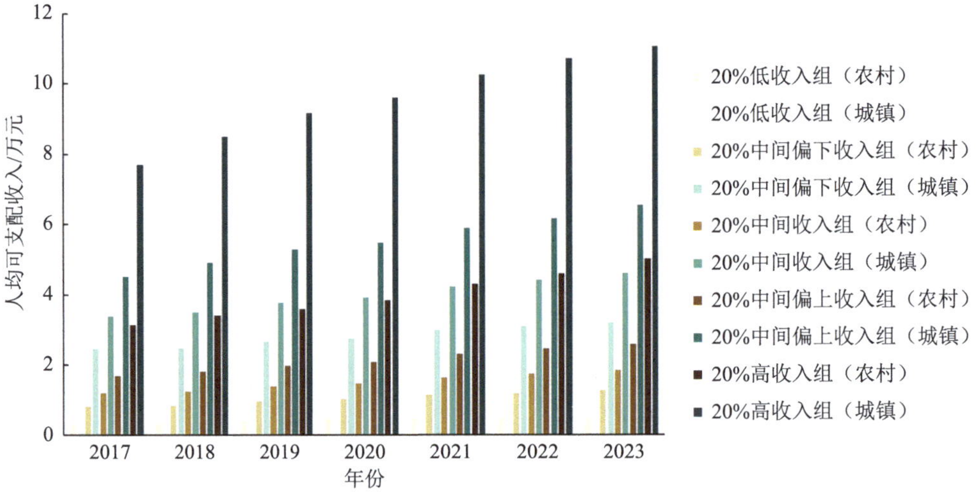

图 2-8　城乡居民按收入分组人均可支配收入对比

空间治理难度升级。当前我国在主体功能区建设中仍面临一系列问题：一是区域发展不均衡加剧，承担粮食、生态安全功能的地区经济水平与民生改善滞后，城乡差距持续扩大；二是功能定位存在“单一化”执行偏差，忽视复合功能协调，且区划层级与治理尺度适配不足；三是配套政策系统性不足，要素交换不平等、生态产品价值低估等问题制约战略落地；四是国土空间规划改革后出现“一规独大”的倾向，保护与发展统筹不足，政策传导精准性待提升。同时，人-地-业协同难题更加剧了空间治理的复杂性。一方面，人口向超大城市、少数核心城市集聚的趋势未根本扭转。2021～2023 年长三角人口进一步集聚，年均常住人口增量达 80 万人，合肥、杭州年均常住人口增量超 15 万人。另一方面，部分城市存在“人-地-业”协同难题。产业升级与空间布局动态适配不足，传统产业区转型滞后与新兴产业用地需求矛盾并存，导致“产城脱节”。人口集聚早期推动了经济增长，后期因造成了交通拥堵、资源超载等“城市病”而削弱了发展质量。“人-地-业”失衡加剧资源错配，部分区域产业空心化引发人口流失，而过度集聚区又面临生态与社会治理压力。

绿色低碳转型紧迫。整体上，我国能源消费（煤炭、石油、天然气、水风光核清洁能源发电）总量由 2013 年的 41.7 亿吨标准煤增长至 2023 年的 57.2 亿吨标准煤，以年均 3.2% 的能源消费增速支撑了年均近 6% 的国民经济增速。能源消费结构上仍以一次能源为主，2023 年煤炭消费占比 55.3%，远高于全球平均水平（26.5%），亟须推进能源转型。同时，2023 年我国二氧化碳排放量约占全球二氧化碳排放总量的 34%，位居全球首位，且我国二氧化碳排放量自 2020 年首次超过发达经济体的二氧化碳排放总量后，到 2023 年已高出 15%。全球气候变化的影响已日益显现，我国面临着严重的气候变化挑战，如气候灾害频发、水资源短缺等，直接影响农业生产、生态环境和人民生活，我国绿色转型的紧迫性已显著升级。

2.3　城镇化与城市发展新趋势

迈入以质量为导向的新型城镇化阶段，城市正面临百年变局加速演进、“双碳”目标纵深推进、共同富裕战略全面实施的多重历史性交汇，需在多重目标协同中构建更具包容性和可持续性的发展路径。

2.3.1　人本导向的智慧城市图景：让生活更美好

习近平总书记在党的二十大报告中提出“前进道路上，必须牢牢把握以下重大原则：坚持和加强党的全面领导，坚持中国特色社会主义道路，坚持以人民为中心的发展思想，坚持深化改革开放，坚持发扬斗争精神”。其中，第三条就是“坚持以人民为中心的发展思想”。随着城镇化进程的加快，人民日益增长的美好生活需要和不平衡不充分的发展之间的矛盾日益显现。2014 年以来，我国政府通过系统性推进户籍制度改革、创新实施居住证制度以及大力推行保障性租赁住房政策，已帮助超过 1.5 亿农业转移人口进城落户，初步解决了城镇化进程中的落户难题。然而，北上广深等超大城市仍面临核心城区住房供需失衡困境，低收入群体“住有所居”目标尚未实现突破性进展。同时，虽然城市在教育、医疗等公共服务领域的持续投入和资源优化配置推动了教育与医疗资源的梯度供给，保障了低收入群体和农村居民的基本公共服务需求，但大城市优质教育和医疗资源依然过度集中，城乡与区域之间的服务质量差距仍然显著。此外，城市作为文化和社会活动的中心，其文化消费水平近年来显著上升，公共文化服务体系逐步完善。2024 年，人均教育文化娱乐支出已达 3189 元，较 2013 年同比增长 128.3%。然而，低收入群体和老龄群体的文化资源分配和服务覆盖仍存在明显不足。因此，全面推进城市高质量发展不仅是破解当前城市发展困境与居民需求矛盾的必然选择，更是构建未来城市可持续发展体系的核心路径，从而确保城市发展始终与人民日益增长的美好生活需要同频，切实提高居民的幸福指数与获得感。

2.3.2 新质生产力与创新的引擎：让创新有沃土

习近平总书记提出的“新发展理念”明确指出，经济发展必须从传统的高速增长模式转向更加注重质量的增长模式。城市作为现代经济发展的重要载体，在驱动产业升级、优化资源配置和深化开放合作等方面发挥着系统性作用。随着中国发展进入新时代，城市已成为科技创新和产业转型的中心，78 个创新型城市汇聚了全国 77% 的研发经费和 80% 的高新技术企业，新一代信息技术、高端装备制造等五大典型战略性新兴产业以年均 15% 的增速持续壮大，成为推动新质生产力发展和经济高质量增长的重要引擎。城市还可以通过优化资源配置激发经济韧性增长新动能。一方面，要素市场化配置综合改革以城市为先行区，加速资金、技术和人才等关键要素的高效流动与集聚，例如，2023 年超六成人才流入长三角、珠三角等五大城市群，推动高质量发展新征程；另一方面，新型城镇化战略以“19+2 城市群”为骨架重塑产业空间格局，形成了覆盖东中西部地区的多层级资源配置体系，增强了区域间的协同发展效应，为“十五五”期间全国统一大市场的形成奠定基础。此外，京津冀、长三角、粤港澳大湾区三大城市群，已经具备了逐步建设成为对东亚乃至世界经济有突出影响的全球性城市群的条件，应继续扩大城市高水平对外开放，促进国际合作与技术共享，不仅将为城市自身的发展注入活力，还将为国家经济的可持续增长提供动力。因此，城市不仅是推动产业结构调整与经济发展模式转变的关键力量，还是提升国家竞争力的关键区域，其高质量发展将直接影响国家经济发展的未来走向。

2.3.3　绿色低碳转型发展的核心：让绿色成底色

党的二十大报告明确指出，“推动绿色发展，促进人与自然和谐共生”是全面建设社会主义现代化国家的内在要求。2022 年，我国城市地区承载了全国 65% 的人口和 85% 的碳排放，其治理效能直接影响“双碳”目标实现，是贯彻落实国家“双碳”“1+*N*”政策的关键责任主体。发展绿色低碳循环经济体系有赖于经济高质量发展先行区的创新策源与辐射带动作用，而城市凭借资本积累、人才密度等优势，具有孵化绿色技术、带动绿色产业发展的强大优势。同时，城市往往能迅速实施大规模的绿色基础设施建设，截至 2023 年，全国城市建成区绿地率达 43.3%，并有 400 多个城市出台了海绵城市建设实施规划方案，“蓝绿交织、清新明亮”的城市生态空间将成为宜居典范。此外，受民众教育程度、环境政策引导以及公共环境影响，城市更易推动公众环境意识提升，引导居民积极参与生态文明建设。实施一系列环境政策与试点项目，如绿色建筑强制标准政策、新能源汽车购车补贴政策、生活垃圾分类试点城市等，有效促进了居民的环保行为转变。因此，城市发展不仅仅是经济扩张的代名词，更是实现人与自然和谐共生的示范区。应坚持锚定城市可持续高质量发展目标，打造宜居、韧性、智慧城市，让人民群众在城市生活得更方便、更舒心、更美好，推动构建人类命运共同体。

2.3.4　城乡融合双向流动的关键：让城乡共繁荣

习近平总书记在《把乡村振兴战略作为新时代“三农”工作总抓手》一文中指出，“在现代化进程中，如何处理好工农关系、城乡关系，在一定程度上决定着现代化的成败”。当前我国正处于破除城乡二元结构、推进城乡融合发展的关键时期，城市作为经济要素集聚的高地和改革创新的策源地，成为破解“三农”问题的关键力量。2023 年，我国农民工进城务工总量达 2.98 亿人，土地流转率从 2010 年的 14.7% 攀升至 36.7%，催生家庭农场、合作社等新型经营主体 390 余万家，倒逼农业生产方式转型升级，推动未来农业高质量发展。另外，伴随新一轮国土空间规划体系改革，城市“摊大饼”式扩展得到限制，城市对周边农村地区的影响由“虹吸效应”逐渐转变为“辐射效应”，带动乡村交通、教育、医疗等基础设施改善，直接提升了农村的生活水平和生产效率，推动以城带乡的城乡融合发展格局形成。此外，城市在为亿万农民提供了更多的就业机会与更好的福利保障的同时，通过要素回流机制激活了“城归经济”，引导超过 1200 万返乡入乡创业者运用城市资本、技术和管理经验反哺乡村，为城乡一体化提供了经济基础和动力。因此，在共同富裕的背景下，城市高质量发展不仅是提升自身能级的必然选择，更是破除城乡二元结构、推进城乡融合发展的战略支点。

第 3 章　城市高质量发展面临的问题

当前我国城市发展仍面临发展不平衡、不充分、不可持续等多重问题。在不平衡方面，优质公共服务供给失衡，城市社会问题呈现结构化矛盾，部分城市地方性特色文化基因缺失；在不充分方面，城市经济新质生产力培育仍然存在瓶颈，城市财政和债务收支压力凸显，智能革命对城市智能化转型提出了更高的发展挑战；在不可持续方面，资源环境对城市发展的约束越来越大，城市自然灾害频发，韧性和应急能力严重不足。总之，我国城市在要素配置、治理能力、发展动力等方面存在诸多问题与挑战，是未来数十年城市发展需要关注的重点所在。

3.1　城市发展不平衡问题

3.1.1　城市优质公共服务供给失衡

基本公共服务均等化水平仍有待提高。全国公共服务支出呈现明显的区域分化特征（图 3-1）。东部沿海地区，特别是京沪等核心城市，凭借较强的财政保障能力，人均一般公共服务支出显著高于其他地区城市。相比之下，中西部地区尤其是西南、西北地区人均一般公共服务支出相对较低，即便获得较高比例的财政转移支付，其与东部地区的人均一般公共服务支出差距依然显著。从公共服务质量来看，东部地区已普遍实现智慧政务等高质量服务供给，而欠发达地区仍停留在基础保障层面。与此同时，公共服务的不均衡在社会保障领域表现得尤为突出。《2022 年度人力资源和社会保障事业发展统计公报》《2022 年农民工监测调查报告》等数据显示，城镇户籍职工社会保险参保率整体维持在 80% 以上，其中，养老保险参保率达 90%；相比之下，流动人口职工养老保险和医疗保险参保率分别仅为 25%～30% 和 30%，失业保险参保率更降至 15%～20%，群体差异极为显著（表 3-1）。这种“双轨制”特征与区域差异相互叠加，使流动人口在欠发达地区面临更为严峻的公共服务短缺问题。

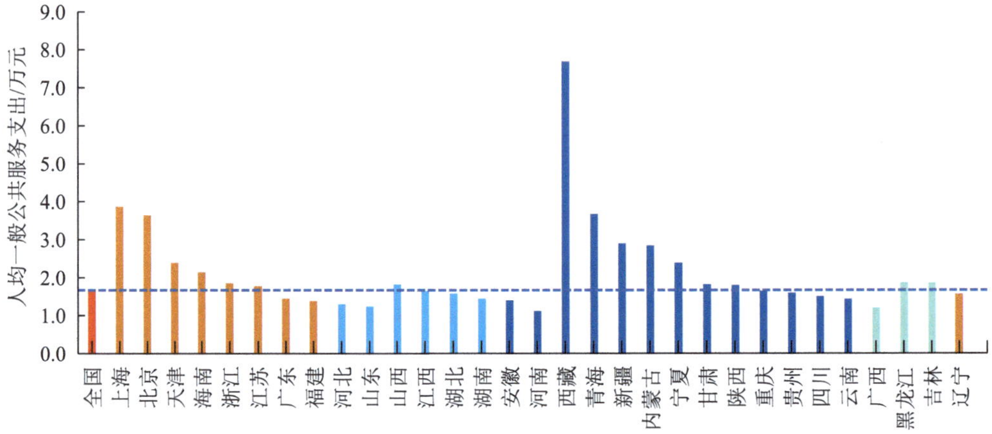

图 3-1　2023 年各省（自治区、直辖市）人均一般公共服务支出

资料来源：《中国统计年鉴 2023》

表 3-1　流动人口和户籍人口社会保险参保率对比　（单位：%）

类型	城镇户籍职工参保率	流动人口参保率
养老保险	≥90	25～30
医疗保险	≥85	30
失业保险	≥80	15～20
工伤保险	≥85	30～40

资料来源：《2022 年度人力资源和社会保障事业发展统计公报》《2022 年农民工监测调查报告》《中国流动人口发展报告 2022》，以及国家统计局农民工调查数据。

“一老一小”优质公共服务供给短缺。人口老龄化的快速发展给养老公共服务供给带来较大压力。2015～2023 年，65 岁及以上人口呈现加速增长态势，老年抚养比从 14.3% 上升至 22.5%（图 3-2）；但是，养老服务供给未能同步跟进，每千名老年人口养老床位数呈下降趋势，从 2021 年的 31.1 张下降至 2023 年的 27.7 张（图 3-3）；参照世界卫生组织每千名老年人口 50 张养老床位的标准，养老床位缺口达 44.6%。同时，婴幼儿照护服务同样面临供给不足问题。2021 年国家卫生健康委员会数据显示，全国 0～3 岁婴幼儿家庭托育需求占比达 35%，而实际入托率仅为 5.5%，显著低于 2016 年经济合作与发展组织（OECD）国家的平均水平（33.2%）。从供给端来看，2023 年全国托位数约

360 万个，仅能覆盖 6.4% 的 0～3 岁婴幼儿，每千人口托位数约 2.5 个，与《“十四五”公共服务规划》提出的 2025 年每千人口托位数 4.5 个的目标相比存在明显缺口。

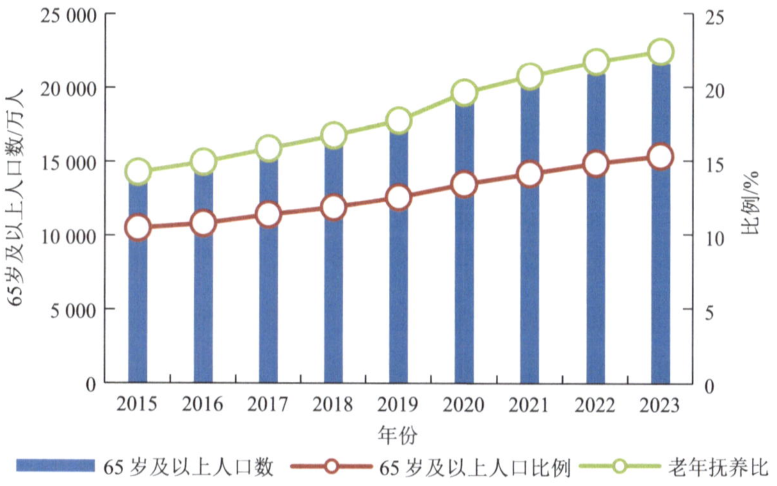

图 3-2　2015～2023 年老龄人口变化趋势

资料来源：中国统计年鉴

图 3-3　2015～2023 年养老床位数情况

资料来源：中国统计年鉴

城市内部优质公共服务空间分布不均衡。长期以来，城市公共服务设施布局呈现“单中心”分布模式，“中心—外围”分布特征明显。统计数据显示，2022 年，北京市海淀区集聚全市 40% 以上的三甲医院和重点中小学，而通州、大兴等区域的千人病床数仅为核心城区的 1/3。北京市、上海市和广州市城市中心的三甲医院密度远高于远郊区域，这种不均衡的空间分布导致中心城区居民和远郊区居民公共服务获取的时间成本差异。很多城市虽然都采取了公共服务均衡化的措施，但由于人口流动与资源配置存在时序差异，新城区的公共服务配套建设往往滞后于住宅开发进度，使资源失衡问题尚未得到有效缓解。

3.1.2　变化环境下城市社会问题日益凸显

复杂经济形势下就业增长放缓与失业率上升。在经济增速放缓、产业结构调整及外部环境变化的综合影响下，全国就业市场呈现“总量增长放缓、结构性矛盾突出”的双重特征。2015～2019 年，城镇新增就业人员数年均增长达到 1338 万人，但 2020～2023 年该指标回落至年均 1226 万人，降幅达 8.37%，增速明显下滑（图 3-4）。同时，城镇登记失业人员数由 2019 年的 945 万人攀升至 2020 年的 1160 万人，2022 年达到 1203 万人的峰值，虽然 2023 年有所回落，但劳动力市场供需矛盾仍较为突出（图 3-5）。从就业结构看，第三产业就业比例持续提高，2023 年达到 47.1%，较 2019 年提高 2.3 个百分点。但是，传统制造业就业人员数占比由 2019 年的 22.5% 降至 2023 年的 20.8%，这对城市低技能群体的就业产生深刻影响，引发就业市场的供需结构矛盾。

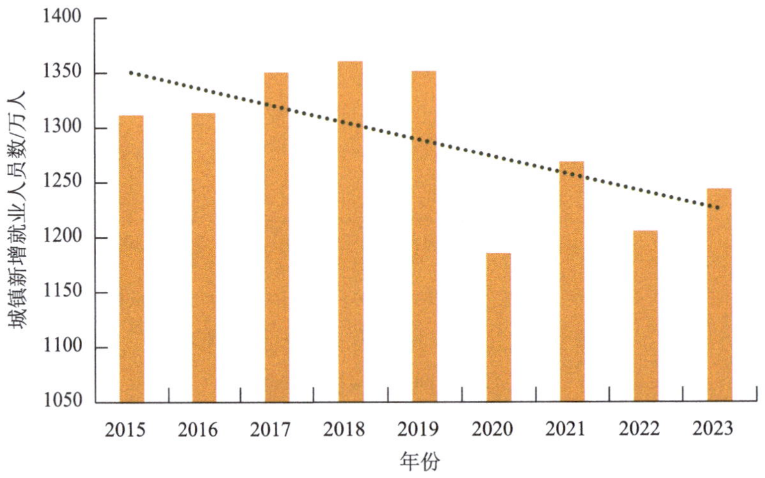

图 3-4　2015～2023 年城镇新增就业人员数

资料来源：中国统计年鉴

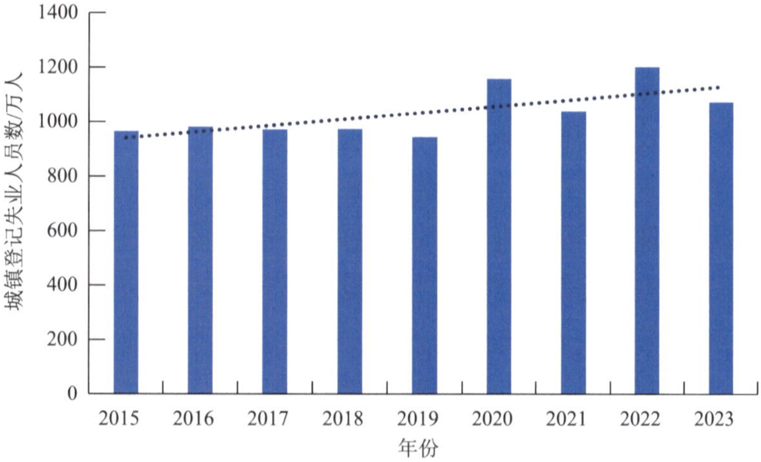

图 3-5　2015～2023 年城镇登记失业人员数

资料来源：中国统计年鉴

社会冲突与纠纷事件有所上升。受经济下行压力持续影响，社会矛盾呈现新的发展态势。国家信访局数据显示，2021～2023 年全国信访总量有所回升，信访诉求内容发生明显转变：从传统的征地拆迁、劳动纠纷等矛盾逐步转向互联网金融风险事件、房地产项目烂尾、教培行业政策调整等经济领域引发的民生问题，涉房、涉薪、涉疫纠纷成为新增长点。公安部统计数据显示，2022 年治安案件达 1250 万件，较 2020 年增长 27.6%。最高人民法院数据表明，2023 年劳动争议和物业服务合同纠纷案件分别增长 17.8% 和 29.3%。

房地产经济波动深刻影响民众生活。住房和城乡建设部统计数据表明，截至 2023 年底，全国重点监测城市烂尾项目累计 1200 余个，涉及购房家庭超过 80 万户，项目平均烂尾周期长达 28 个月。这一波动直接导致相关法律纠纷激增，最高人民法院司法统计数据显示，2023 年全国住房贷款纠纷案件数量达 12.6 万件，较 2022 年同期增长 67%。根据中国人民银行《中国金融稳定报告（2022）》，2022 年个人住房贷款逾期率升至 1.25%，较 2021 年增加 0.83 个百分点，重点监测城市断供案例数量同比激增 185%。这种系统性风险已形成连锁反应：一方面，烂尾项目导致购房者面临钱房两空的困境；另一方面，断供潮又加剧了银行系统风险。

3.1.3　城市建设地方性特色文化基因缺失

城市规划模式的模板化是“千城一面”现象的重要推动因素之一，标准化开发模式下文化基因断裂。在许多城市建设中，为了追求效率和规模，各地普遍采用标准化的规划方案。许多具有地方特色的建筑形式和街区布局被弃置不用，取而代之的是“复制粘贴式”的城市景观。例如，城市中心往往以高层写字楼和商业综合体为主，外围则是大规模的住宅小区，绿化景观布局高度相似。中国建筑学会调研发现，全国商业综合体项目中，75%采用玻璃幕墙体系，哈尔滨中央大街、青岛八大关等特色建筑群被淹没在反光玻璃的海洋中。这种缺乏创新的规划模式为不同城市赋予了相似的外观，却剥夺了它们的地方特色。

在城市土地财政驱动下，文化遗产保护让位于经济效益最大化。为了追求短期经济效益，一些地方政府选择牺牲文化遗产，优先发展商业地产和基础设施建设。许多历史街区被拆迁用于修建高楼，而具有深厚文化底蕴的老建筑却未能得到妥善保护。这种短视行为不仅破坏了城市的文化多样性，还削弱了城市的竞争力。在全球化背景下，独特的文化资源是城市吸引力的重要组成部分。没有地方特色的城市无法在国际竞争中脱颖而出，其发展潜力实际上被大大削弱。

制度性缺陷导致城市文化遗产保护机制失效。法律法规体系不完善，缺乏明确的实施细则和监督机制，部分法规滞后于城市化进程，保护工作难以落地。管理体制分散，文化、规划、住建等部门间职责不清、协调不足，文化遗产保护与城市开发常因利益冲突而受损。资金投入长期不足，文化遗产保护被视为“非刚性支出”，缺乏稳定的财政支持。这些问题导致保护机制很难有效运转，文化遗产持续被侵蚀，城市独特的文化价值难以延续。文化遗产保护与现代发展并非不可调和，但当前许多地方未能找到两者之间的平衡点。例如，一些城市在旧城改造中完全摒弃了传统建筑风貌，而另一些城市则试图用“仿古”建筑来替代真正的文化遗产。这两种极端的做法都未能有效解决文化遗产与现代发展的矛盾，反而加剧了“千城一面”的困境。

3.2 城市发展不充分问题

3.2.1 城市经济新质生产力提升面临瓶颈

经济发展对传统产业的依赖程度仍然较高。在当前产业结构调整进程中，传统产业仍占据着主导地位，高新技术产业对经济增长的贡献仍然稍显不足。从2020年和2023年就业人员占比变化（图3-6）来看，产业结构总体呈现优化态势，传统制造业如纺织业，纺织服装、服饰业，以及黑色金属冶炼和压延加工业等就业人员占比明显下降，而高新技术产业就业人员占比普遍有所增长，其中，计算机、通信和其他电子设备制造业就业人员占比上升 0.02 个百分点。虽然高新技术产业就业人员占比逐渐增长，但是总体上传统产业仍占据主导地位，传统产业就业人员占比仍超过 50%。此外，从商品出口贸易额占比（图 3-7）来看，2010 年以来，工业制品（包括传统工业产品和高新技术产品）稳定占据出口额的 95% 左右；相比之下，高新技术产品占比持续下滑，从 2020 年的 30% 下降至 2023 年的 25%，其原因之一是受到全球经济环境变化的影响，但是也一定程度上反映了高新技术产业领域增长乏力的困境。

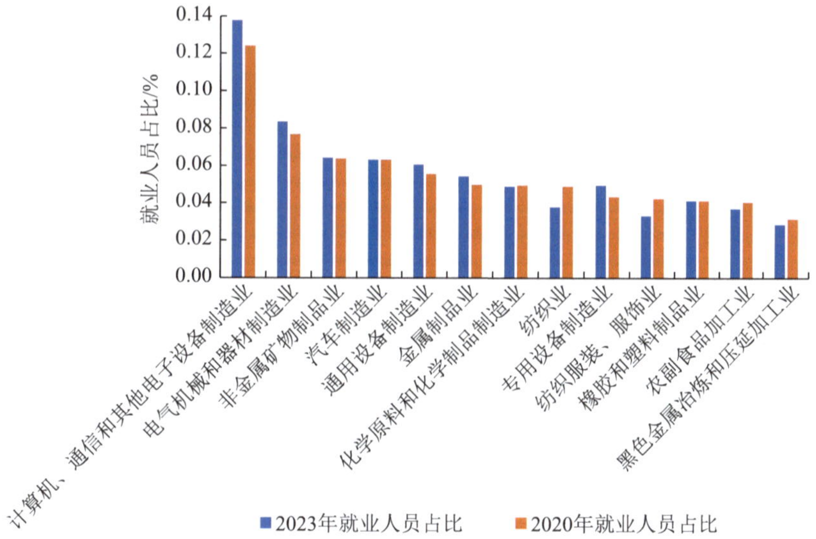

图 3-6　2020 年和 2023 年中国制造业行业就业人员占比

资料来源：中国工业统计年鉴

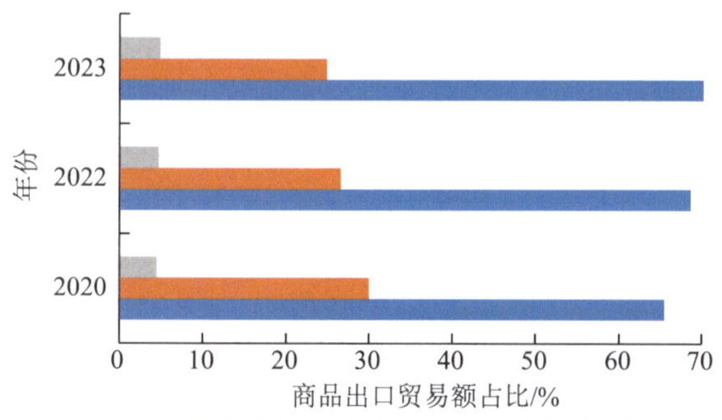

图 3-7　2020～2023 年中国各类型商品出口贸易额占比

资料来源：中国统计年鉴

科技创新支撑新质生产力发展的能力仍存在不足。中国总体创新能力仍然与世界主要发达国家水平有一定差距。从《2024 年全球创新指数报告》来看，中国在全球创新指数中位列第十一，低于瑞士、瑞典、美国等技术强国（图 3-8）。同时，中国在研发投入方面有所不足，2023 年中国研发投入占 GDP 的比例达 2.7%（图 3-9），虽然该水平接近 OECD 国家的平均水平，但仍然显著落后于美国、日本以及韩国等发达国家。

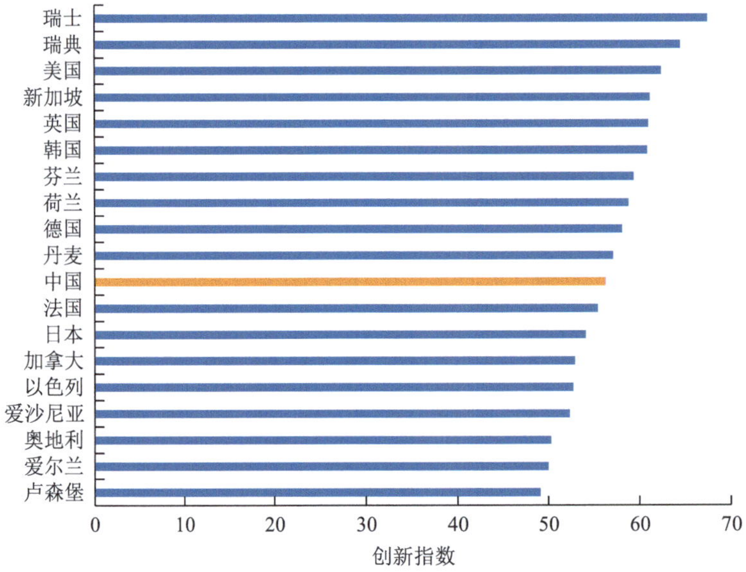

图 3-8　2024 年中国创新指数全球排名

资料来源：世界知识产权组织（WIPO）

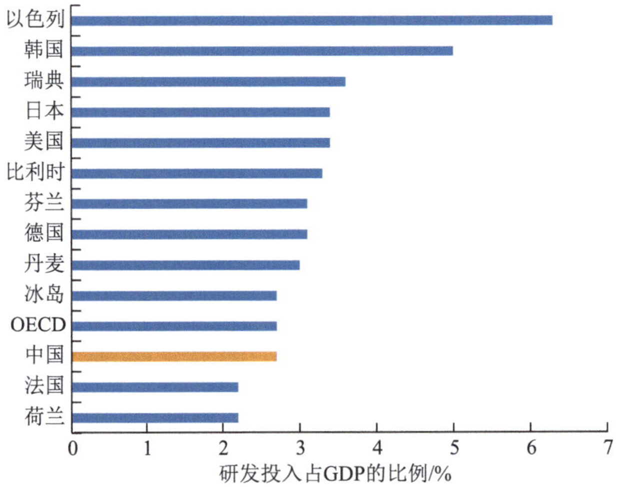

图 3-9　2023 年中国研发投入全球排名

资料来源：经济合作与发展组织（OECD）

不同城市创新能力和新质生产力发展分化明显。中国主要城市新质生产力发展呈现显著分化，区域间创新资源集聚差异加大了经济发展不平衡的风险。从专利授权总数及结构（图 3-10）看，北京、上海、广州等一线城市占据绝对优势，2023 年专利授权总数均突破 11 万件，其中发明专利授权数占比超过 40%；而银川、拉萨等西部城市专利授权总数不足 2 万件，发明专利授权数占比低于 15%。同时，在高新技术企业发展方面（图 3-11），北京拥有 2.8 万家高新技术企业，居所有城市首位，杭州、武汉等新一线城市拥有超 1

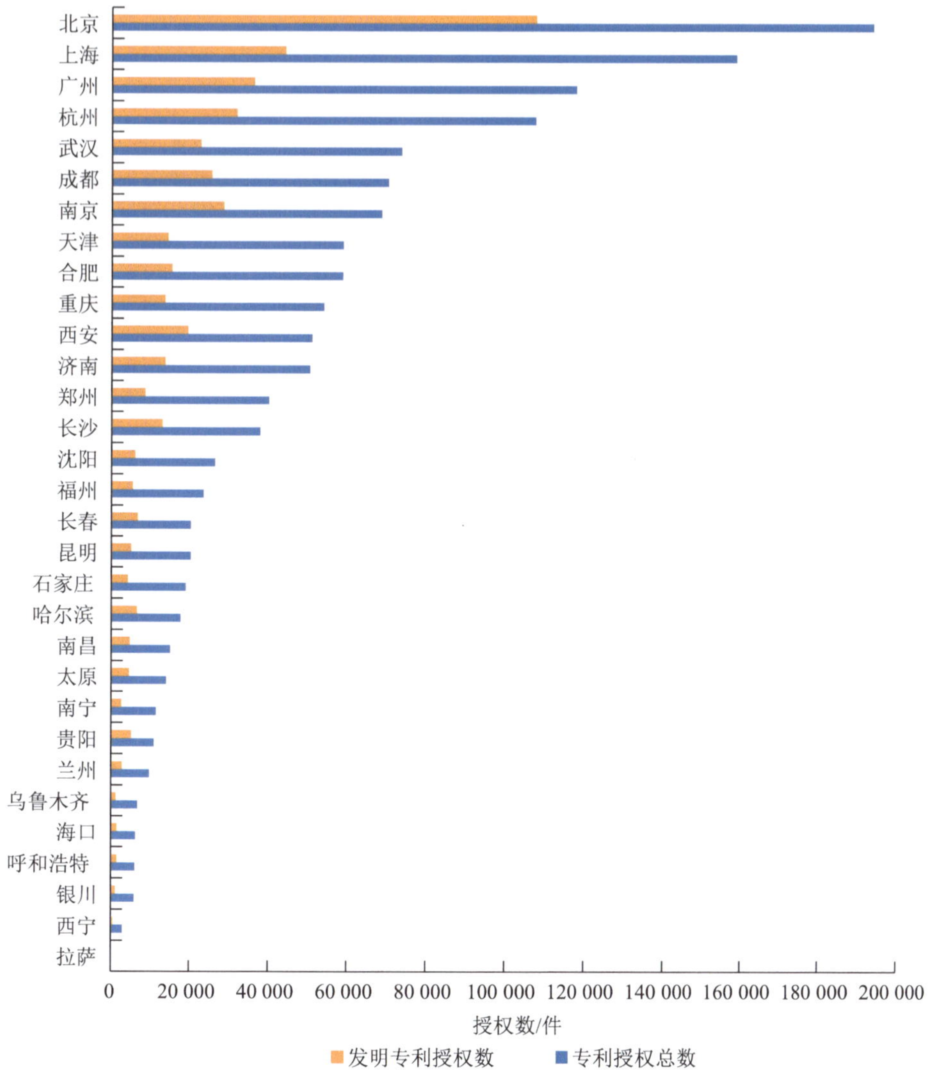

图 3-10　2023 年中国主要城市专利授权总数和发明专利授权数

资料来源：《中国城市统计年鉴 2024》

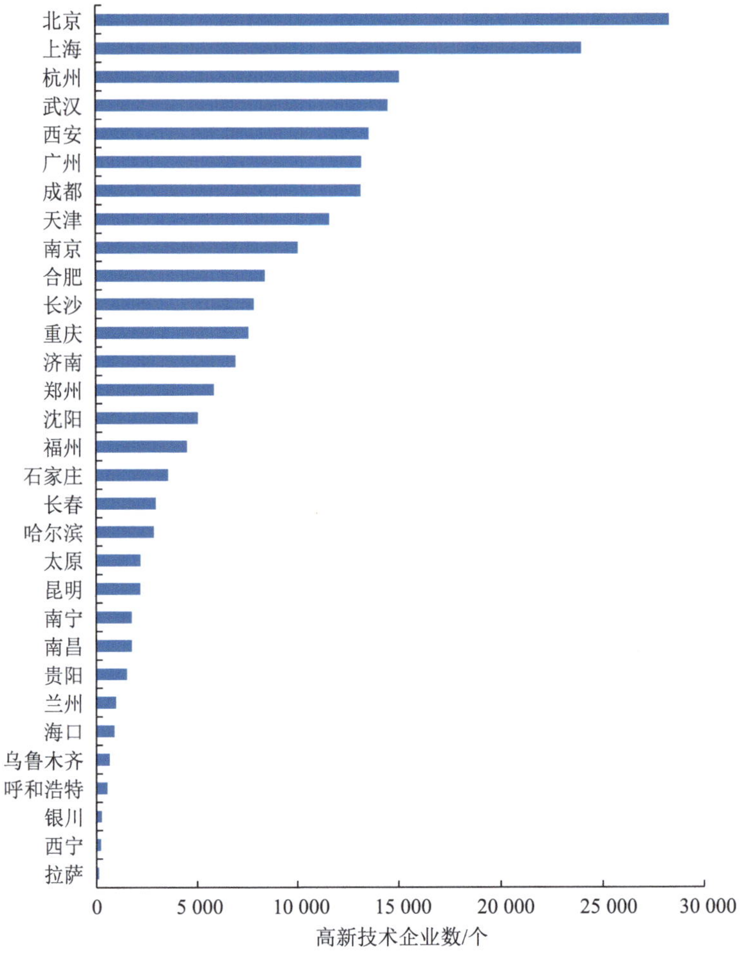

图 3-11　2023 年中国主要城市高新技术企业数

资料来源：《中国城市统计年鉴 2024》

万家高新技术企业，但不少西部省会城市高新技术企业不足 500 家，仅为北京、上海等城市的 1/50。总体上，发明专利授权数、高新技术企业数等创新要素均呈现显著的“东密西疏”格局。在创新资源分布极不均衡的局面下，区域间新质生产力发展水平差距将可能进一步扩大，形成新质生产力发展的“马太效应”。

3.2.2　城市财政收入下滑与债务风险上升压力

土地金融难以为继，地方财政收入下滑显著。近年来，我国土地财政模式遭遇困难，从 2024 年各城市土地出让收入较历史最高点累计降幅（图 3-12）来看，青海以近 85% 的降幅居首，黑龙江、广西等省（自治区、直辖市）降幅超 70%，广东、江苏、浙江等发达地区降幅差异较大，上海、北京等一线城市降幅相对较小。由于土地出让收入占地方财政的比例较高，土地出让收入的下降严重影响地方财政收入。东部较发达省（自治区、直辖市）以产业税收缓解压力，但土地出让收入的萎缩仍然带来了一定的影响。中西部及东北部等地区受到的影响相对较大，甚至可能波及基建与民生支出，导致公共服务降级；青海、黑龙江等财政薄弱省（自治区、直辖市）风险尤甚，隐性债务违约压力攀升。

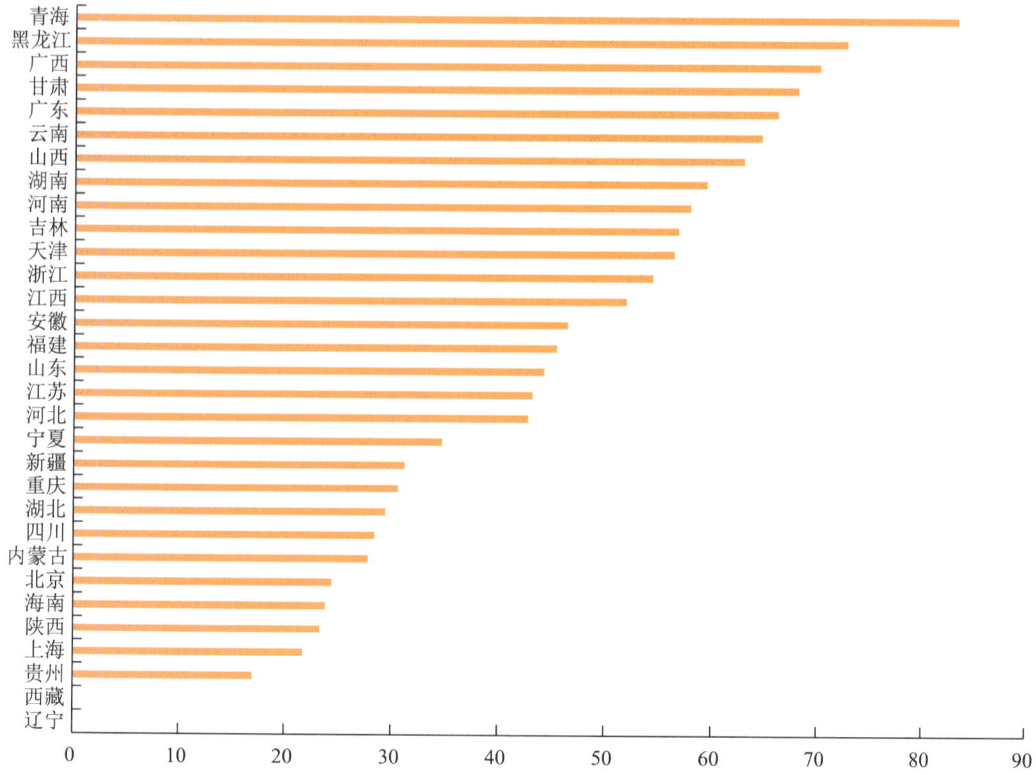

图 3-12　2024 年中国各省（自治区、直辖市）土地出让收入较历史最高点累计降幅

资料来源：各省（直辖市、自治区）财政厅（局）

近 1/3 省（自治区、直辖市）城市债务率超过国际警戒线。根据 2022 年我国各省（自治区、直辖市）城市债务率与国际警戒线的对比分析结果（图 3-13），近 1/3 省（自治区、直辖市）的城市债务率已显著超过国际公认的警戒线水平 120%，其中天津城市债务率接近 300%，远高于其他省（自治区、直辖市）。

吉林、云南、辽宁等省（自治区、直辖市）的城市债务率处于 150%～200% 区间，也显著超过国际警戒线。此外，海南、广西、内蒙古等省（自治区、直辖市）的城市债务率多超过 120%，也处于高风险水平。相比之下，江苏、浙江、广东等经济发达省（自治区、直辖市）的城市债务率相对较低。较高的城市债务率将显著影响经济的可持续发展，加剧地方金融风险。

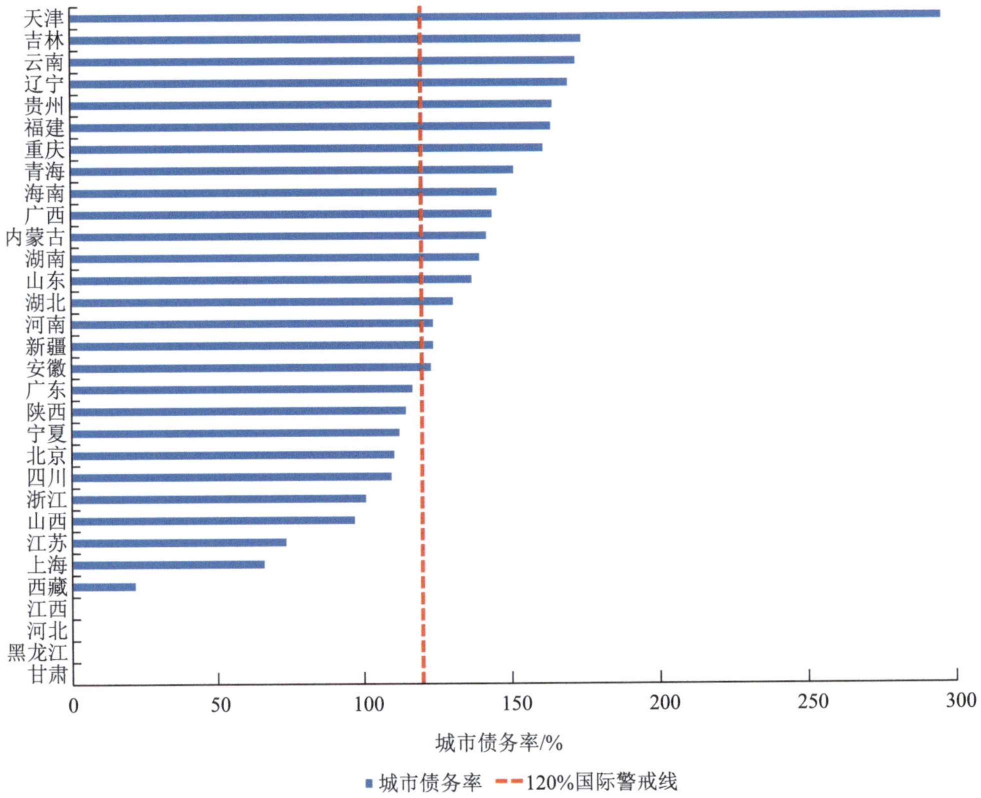

图 3-13　2022 年中国各省（自治区、直辖市）城市债务率与国际警戒线

资料来源：各省（直辖市、自治区）人民政府

城市公共服务收支差额呈扩大趋势。公共服务支出不断攀升与财政收入的增速放缓，共同加大了地方财政收支失衡压力。从 2019～2023 年全国主要城市一般公共预算收入与支出的对比结果来看，一般公共预算支出增速显著高于收入增速，二者差额呈扩大趋势，既包括北京、上海、天津等东部发达城市，又包括西安、贵阳和太原等中西部城市（图 3-14）。在公共服务需求上升与经济增速放缓的双重压力下，财政可持续性面临挑战，公共服务需求上升与财政收入增长乏力之间的矛盾可能将进一步凸显。

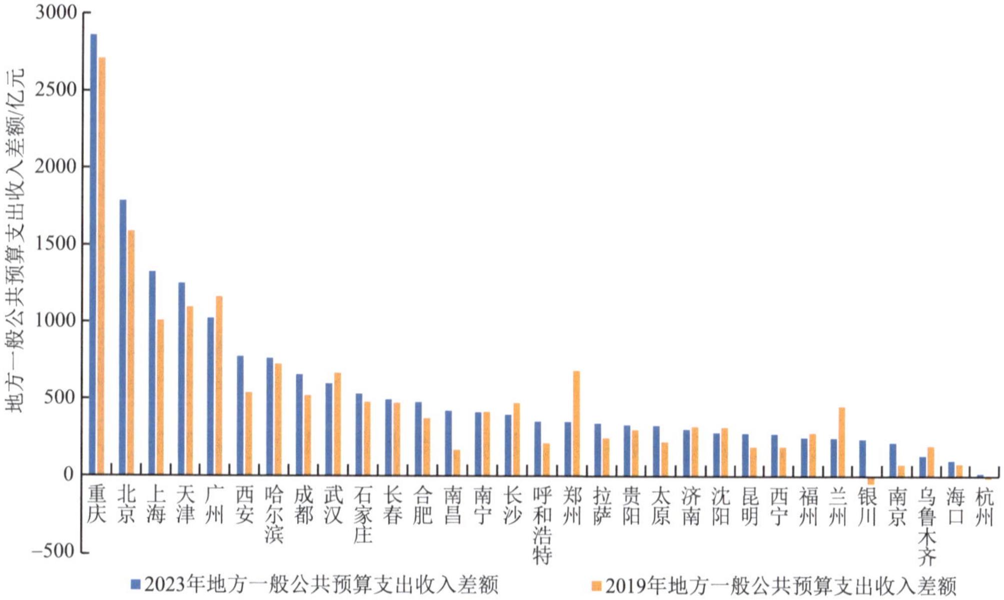

图 3-14　2019 年和 2023 年主要城市地方本级一般公共预算收支差额变化

资料来源：中国城市统计年鉴

3.2.3　城市智慧化转型挑战

随着人工智能（AI）、物联网（IoT）、大数据、区块链等技术的迅猛发展，智能革命正在加速到来，当前呈现出“代际突破”与“群体爆发”的新态势。然而，智能革命在推动城市智慧化升级的同时，也带来一系列挑战，特别是智慧城市应用、数据安全、社会伦理、就业结构、能源消耗等方面的问题。

当前，中国城市普遍存在智慧化转型滞后与“形式化”问题。虽然智能革命为中国城市智慧化转型提供了重要契机，目前我国智慧城市试点数量累计已达 900 个，但许多城市的智慧化建设仍停留在初级阶段，甚至存在“形式化”倾向，不少智慧城市建设更多注重“面子工程”，过度投资于“智慧大屏”等展示性项目，忽视智能技术在城市治理中的实际应用。很多城市投资建设的系统仅用于展示数据，而缺乏实质性的分析和决策功能，无法真正解决城市治理中的复杂问题。此外，智慧城市建设过程中常出现分散建设、部门分头管理的现象，导致资源浪费和效率低下。例如，政府数据、公共数据和社会数据的融合应用困难，各部门之间数据孤岛现象普遍存在，数据资源无法流通，制约了智慧化治理的整体能力。同时，在实际操作中，高度依赖外包技术服务商的现象突出，地方政府缺乏对智慧化建设的核心掌控力和系统性规划，从而使智慧化转型进程严重滞后。

智能革命也带来了数据安全、伦理争议和社会关系重塑等深层次问题。其中，数据安全与隐私保护问题尤为突出。智慧城市依赖大规模数据采集和分析，将其广泛应用于交通监控、智能支付、人脸识别等领域，但在数据采集、存储和使用过程中存在隐私泄露风险和安全隐患。一些智慧平台缺乏透明度，未明确告知数据用途，甚至滥用数据进行商业化操作。此外，黑客攻击和数据泄露事件频发，暴露出智慧城市在数据保护机制上的薄弱，对城市居民的信息安全和社会信任构成威胁。与此同时，智能技术的广泛应用引发了伦理争议。例如，基于算法的决策系统被用于公共服务和执法，但算法的偏见、不透明性以及“黑箱”特性可能导致歧视性执法或决策失误，公众难以追责，从而引发社会信任危机。更深层次的影响在于，智能技术正在重塑城市的文化与社会关系。智慧社区和无人服务的普及以技术为中心，忽视了人与人之间的情感交流，可能会导致社区关系冷漠化和碎片化。城市居民的人际互动被技术取代，降低了城市的凝聚力和文化认同感。中国互联网络信息中心的统计数据显示，60 岁以上老年人智能设备使用障碍率在 80% 以上，技术的社会公平问题也逐渐显现。

智能革命的加速到来正在深刻改变城市的就业结构，智慧化转型中自动化和智能化技术的广泛应用使部分劳动密集型和中低技能岗位被取代。例如，中国工业机器人装机量占全球的比例超过 50%，机器人密度已达 392 台/万人，在智慧物流、智慧制造和智慧服务领域，机器人和智能系统逐渐替代了大量人工操作，导致部分劳动者失业或被迫转型。然而，智能技术的快速迭代要求劳动者具备更高的技能水平，而传统教育和职业培训体系尚未完全跟上智能革命的步伐，大量中低技能劳动者难以适应新经济形态，可能会导致贫富差距拉大。

虽然智慧城市的建设目标之一是实现资源的高效利用和可持续发展，但智能革命本身带来了资源消耗问题和环境压力。一方面，智慧化设备的生产和运行需要大量能源和资源支持，如数据中心的高能耗问题已成为全球性挑战，特别是在中国一些智慧城市试点中，为满足数据存储与处理需求，大规模建设高耗能的数据中心导致城市碳排放量进一步增加。另一方面，智能硬件设备的更新换代速度加快，废弃电子设备的处理问题日益严重，智慧化建设可能加重城市的生态负担。

3.3　城市发展不可持续问题

3.3.1　城市面临资源环境约束趋紧

中国城市能源结构以化石能源为主，特别是煤炭、石油的消费量占据主导地位。中国城市地区二氧化碳排放量占全国二氧化碳排放总量的 80% 左右，主要来源于城市生产、建筑和交通等领域的人类活动，城市是贯彻落实国家“双碳”“1+*N*”政策的关键责任主体。然而，“高碳化”的能源结构导致城市碳排放强度长期居高不下，成为碳达峰目标实现的主要障碍。许多工业化城市和资源型城市的经济发展高度依赖能源密集型产业，煤炭能源消费量巨大，单位 GDP 能耗和碳排放强度远高于全国平均水平。即便是一些以服务业和高科技产业为主的城市，其电力供应也主要依赖煤电。这种能源结构的调整难度大，成为实现绿色低碳转型的重要瓶颈。

在快速城镇化过程中，资源高强度消耗和利用效率低下的问题尤为突出。城市水资源短缺和水污染是中国城市最重要的环境问题之一。中国 2/3 的城市面临着资源性缺水问题。水污染进一步加剧了水资源短缺，在原本不缺水的城市，也因为水质污染而出现水质性缺水。随着城市点源污染被逐渐有效控制，面源污染对城市流域水体水质恶化的影响日益凸显。常规的城市污水收纳处理系统在面对当前中国城市水体污染的治理时显得力不从心。城市的土地利用方式粗放、资源利用效率低下的现象仍然普遍。许多城市存在大规模开发新区、低密度扩张的问题，导致建设用地面积激增，大量新区及开发区的人口和经济密度低，土地资源浪费严重，开发区土地利用强度有待提高。2022 年自然资源部卫星监测结果显示，96 个国家级开发区的综合容积率低于 0.6，近 4 成边境经济合作区的综合容积率不到 0.6，近 6 成国家级开发区工业用地综合容积率不到 0.6。部分开发区还存在实际管理范围过大的问题，闲置土地和批而未供土地规模也不小。此外，城市建设中大量依赖高能耗、高污染的建筑材料，如钢材、水泥等，建筑生产和运营阶段的污染排放和碳排放占城市总排放的比例极高。例如，现有的住宅和办公楼普遍缺乏节能设计，能源利用效率低，冬夏季空调用电负荷巨大。

城镇化进程中，生态系统的承载力显著降低，进一步增加了环境与资源的压力。一些城市在发展中过度开发自然资源，占用生态空间，如湿地、森林、河流等自然生态系统被侵占或破坏，导致其气候调节和固碳能力下降、生态功能退化，城市热岛效应更加显著。2000～2023 年全国城市建设用地面积扩张 1.7 倍（图 3-15），但同期湿地面积减少 9.3%，全国 23% 的河流自然岸线被硬质化改造，直接削弱洪涝调蓄能力。高速公路、住宅区和工业区的建设将原本连片的绿色空间分隔成零散的“岛屿”，破坏了生态系统的完整性。这种生态系统碎片化影响了动植物的栖息地连通性，阻碍了物种的迁徙和基因交流，进而导致生物多样性下降。生态系统的退化使城市在应对气候变化时更加脆弱，同时也增加了实现碳达峰目标的难度。

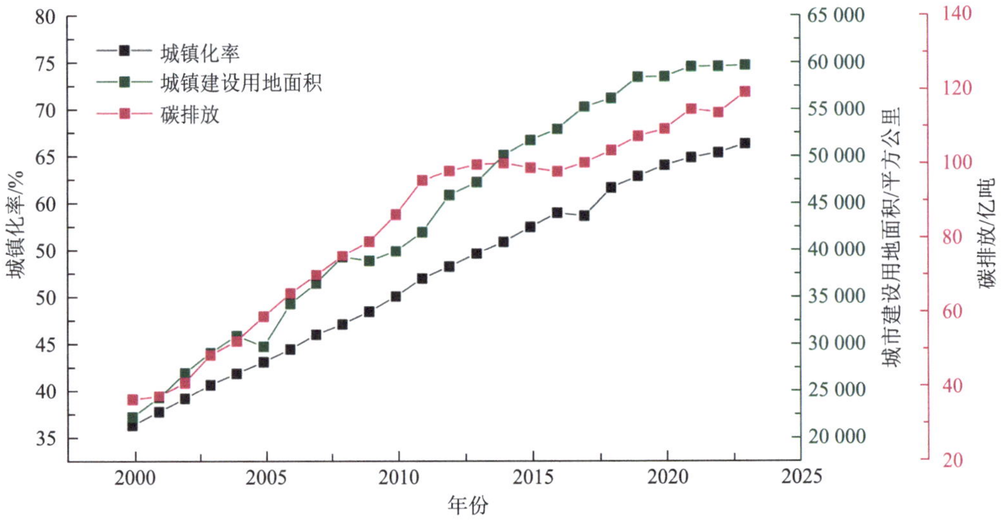

图 3-15　中国城市化进程中的建设用地扩张和碳排放

许多城市的产业结构仍以高能耗、高排放的传统制造业为主，绿色低碳产业占比偏低，导致难以有效控制碳排放，资源型城市和重工业城市尤为突出，钢铁、化工、电力等高污染行业占据经济支柱地位，低碳转型过程中涉及经济发展与就业稳定等复杂问题，低碳化进程推进缓慢。此外，一些地区在引进产业时仍以高耗能、高排放项目为主，忽视绿色发展的长远目标。同时，城市治理体系和能力不足也成为低碳转型的主要障碍。地方政府在制定规划时更注重短期经济增长，忽视碳排放的长期控制，招商引资中高排放项目持续涌入。公众的绿色低碳意识薄弱也对低碳转型形成阻碍。许多居民对绿色建筑、节能电器的接受度不高，垃圾分类和公共交通等低碳行为的推广效果有限，公众参与度不足削弱了绿色转型的社会基础。

3.3.2　城市自然灾害频发

我国自然灾害呈长期性、突发性、巨灾性和复杂性的特点，近年发生的河南郑州特大暴雨、京津冀极端强降雨等气象灾害对城市生产生活造成了严重冲击。2023 年我国自然灾害造成 9544.4 万人次受灾，直接经济损失 3454.5 亿元。联合国政府间气候变化专门委员会（IPCC）发布的报告指出，未来极端高温、极端降水、台风、干旱的发生频率和强度将不断增加。世界经济论坛发布的《2024 年全球风险报告》将“极端天气事件”列为未来十年最严重的风险。各类气象灾害及其复合链生灾害风险严重威胁人民的生命财产和国家社会经济运行安全。

我国经历了 40 多年快速城镇化发展，很多老城区基础设施建设年代较早，且设计标准是基于历史气候数据，抗风、抗洪、抗震等极限承受能力有限，难以应对未来更为极端的气候变化和自然灾害。我国城市排水管网设计暴雨重现期仅为 2～5 年一遇，而发达国家普遍采用 5～10 年标准，部分甚至达到 50 年标准。这种历史欠账在气候变化背景下形成系统性风险。除了城市内涝外，中国城市面临的高温、强对流天气、干旱及台风等灾害也暴露了现有防灾体系的系统性短板。高温热浪方面，2000 年以来全国城市极端高温突破历史温度极值的现象逐渐增多（图 3-16）。强对流天气引发经济损失持续攀升，而城市建筑抗风设计仍沿用 50 年一遇标准，未考虑气候变暖下风速极值增加 15% 的新趋势。干旱灾害呈现“高频次-广范围”特征，2022 年长江流域遭遇“汛期反枯”，武汉、南昌等城市日供水量缺口达 30%，3978 万人受灾，很多中小城市应急备用水源覆盖率不足。近年来，台风频发对我国沿海城市造成了显著影响，例如“杜苏芮”（2023 年）和“利奇马”（2019 年）分别造成数百亿元的直接经济损失，带来基础设施破坏、交通瘫痪和生产停滞问题，也暴露了部分城市防灾减灾体系的短板。

许多城市在规划中未充分考虑气候变化对自然灾害的影响，土地利用方式不合理，如填湖造地、侵占河道等行为削弱了洪涝调节能力；过度硬化建设阻碍雨水自然渗透，内涝问题频发。缺乏韧性思维的规划，没有为极端天气和自

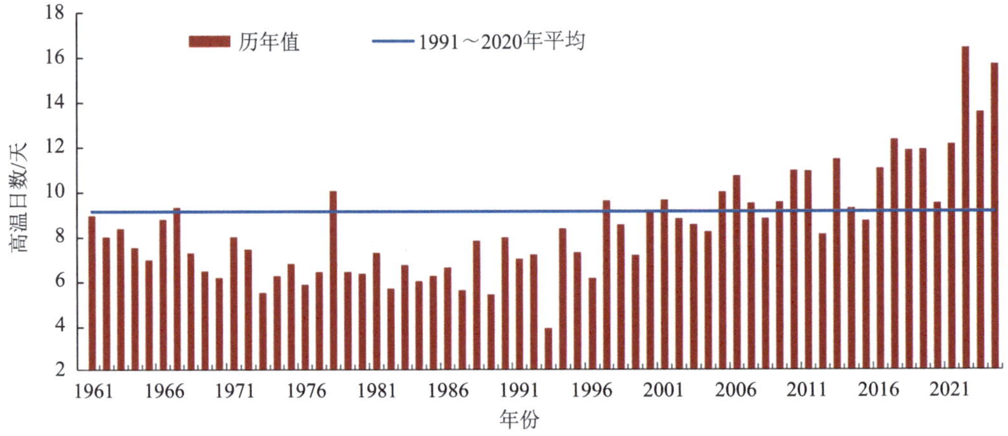

图 3-16　1961～2024 年全国平均高温日数历年变化

资料来源：中国气象局

然灾害预留足够的缓冲空间，进一步加剧了风险。世界银行研究指出，每在气候适应性基建上投资 1 美元，可减少 6～10 美元的未来损失。因此，亟须建立动态更新的气候适应性设计标准体系，将极端天气预测纳入城市规划，通过“渗、滞、蓄、净、用、排”六位一体的海绵城市建设，结合地下综合管廊、智慧水务系统等新技术手段，系统性提升城市韧性和城市适应气候变化的能力。

体制机制与保险体系有待完善。城市灾害监测预警能力需进一步加强，例如当前强对流天气有效预警提前量仅 27 分；跨部门应急联动机制薄弱、灾害响应数据共享不畅，2022 年郑州“7・20”灾害中气象红色预警未能触发地铁停运为典型案例；气候适应性防灾体系和“空天地”一体化监测网络亟须加强。此外，调研发现很多基层政府的救灾应急机制不够完善，灾前人为过度提高响应标准和灾后应急响应滞后现象同时存在，救灾队伍和技术薄弱。整体缺乏社会救援力量，志愿者队伍组织与培训工作有待加强。巨灾的商业保险体系尚未建立，一方面巨灾保险供给严重不足，另一方面居民和企业购买保险的意识都较弱，投保比例偏低，难以有效分散和化解灾害风险。目前，我国巨灾保险赔付占直接经济损失的比例仅 10% 左右，与国际上的 30%～40% 还有较大差距，巨灾保险保障水平有待提高。大多数居民响应意识和能力欠缺，对应急避险、自救互救等基本技能了解不够。

第 4 章　城市高质量发展的国际经验

在全球化与城市化进程加速的背景下，全球城市面临资源约束、社会公平、气候变化等共性难题，如何破解共性挑战需要凝结全球城市的发展智慧。当前中国城市发展正处在转型升级的关键期，系统吸收国际经验将有助于突破传统路径依赖，在生态文明、数字治理、包容发展等领域实现跨越式发展，有助于构建既符合中国国情，又具有全球借鉴意义的城市治理体系，推动中国特色新型城镇化与城市高质量发展制度创新。

4.1　低碳转型与绿色发展

4.1.1　斯德哥尔摩皇家港的零碳转型

斯德哥尔摩皇家港（Royal Seaport）是瑞典首都斯德哥尔摩市中心的一个可持续社区开发项目（图 4-1）。2010 年，斯德哥尔摩成为首个“欧洲绿色之都”，政府提出了“零化石燃料的斯德哥尔摩战略”（The Strategy for a Fossil-Fuel Free Stockholm），目标是在 2040 年前实现全市零碳排放。皇家港项目正是这一战略的重要组成部分，旨在通过创新的气候解决方案，将这片曾用于煤气生产和港口活动的工业用地转变为环保、智能、具有气候韧性的可持续社区。皇家港的零碳转型策略涵盖了建筑、交通、能源、废弃物处理、生物多样性等多个领域，体现了斯德哥尔摩市政府在应对气候变化和实现可持续发展目标方面的雄心与创新。

皇家港的零碳转型策略围绕交通、建筑、能源三大高碳排放领域展开，同时兼顾废弃物处理和生物多样性，体现了“共生城市”理念，即通过整合城市各子系统实现节能减排的良性循环。

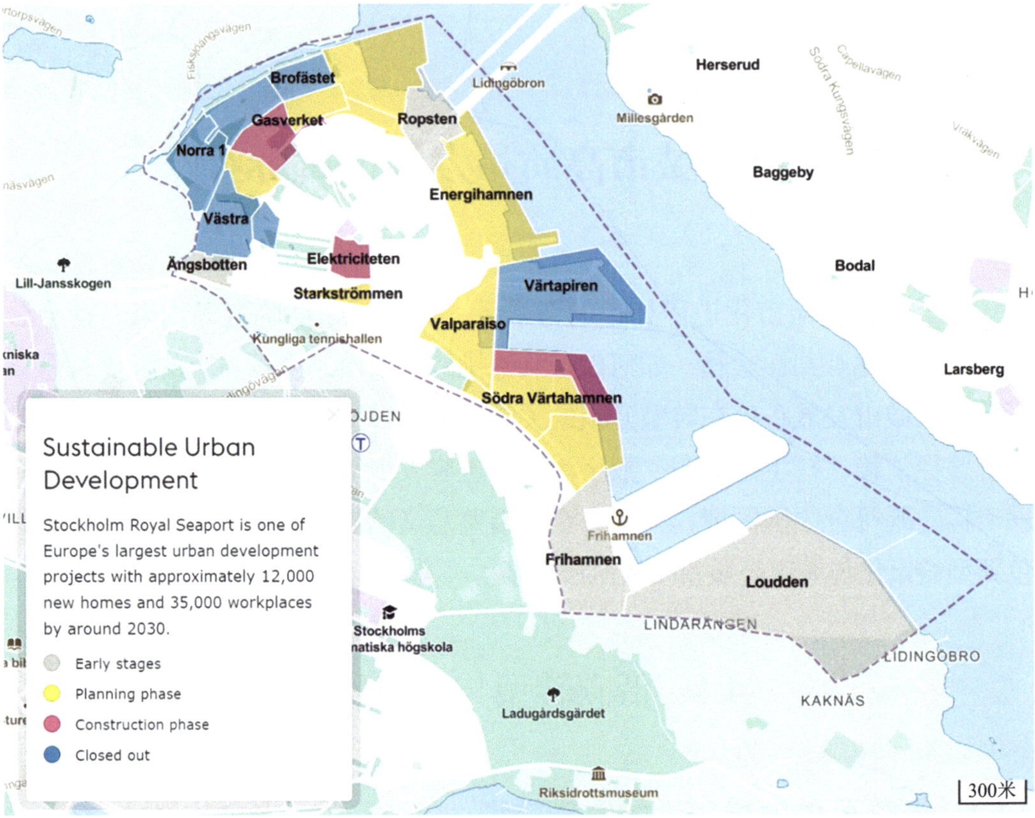

图 4-1 皇家港规划范围

资料来源：https://www.norradjurgardsstaden2030.se/map

1. 交通领域的创新举措

交通是斯德哥尔摩碳排放的主要来源，其碳排放占比高达 48%。为此，皇家港在交通领域采取了多项创新措施。

优先步行和骑行的交通体系：如图 4-2 所示，斯德哥尔摩致力于建设高质量的步行和自行车道，加强公共交通网络，包括地铁、公交和电动渡船，减少每户住宅的车位数量，并建设共享停车设施（如 Hjorthagsgaraget，约塔格斯可持续停车楼），鼓励居民选择共享出行方式，提高居民选择绿色出行方式的便捷性，减少私家车使用。斯德哥尔摩已开发出“流动性指数”，这一工具使开发商能够在步行、骑行、停放车辆、配送和流动服务等模块中选择定性和定量的措施，以推动可持续交通发展。

电动货车的引入：皇家港是瑞典首个使用纯电动货车的城市。这些电动货车用于运输建筑设备和土方，使用可再生能源充电，可减少 85% 的温室气体排放。电动货车不仅环保，还因其低噪声特性减少了对居民和商业活动的干扰。

图 4-2　皇家港社区公共交通规划

资料来源：https://www.norradjurgardsstaden2030.se/map

2. 建筑领域的创新举措

建筑领域碳排放占斯德哥尔摩碳排放的 33%，皇家港在建筑设计和施工中采用了多项节能技术。

从“被动式住宅”到“产能式住宅”：皇家港的住宅建筑不仅注重节能，还通过太阳能电池板、地热能、高效绝缘和通风系统等技术实现了能源净生产。Stockholmshem 公司建造的两座产能式住宅楼每年产生的电力超过其用能需求，多余电力可出售给电网。该建筑综合应用了多项创新技术：屋顶太阳能电池板与地热能系统协同供能；高效隔热围护结构配合热回收通风系统降低能耗；废水余热回收装置则实现了能源的梯级利用。建筑设计上，阳台嵌入立面，屋顶呈倾斜状，以最大化太阳能的利用，具有独特的设计特点。

绿色屋顶与屋顶花园：如图 4-3 所示，皇家港的建筑广泛采用绿色屋顶和屋顶花园，绿色屋顶大多采用厚土层薄的景天植物，不仅具有吸收雾霾和雨水收集的功能，还增强了社区的气候韧性。

图 4-3　皇家港社区绿色屋顶规划

资料来源：https://www.norradjurgardsstaden2030.se/map

健康与环保的建筑材料：在建筑的每个阶段，皇家港都严格评估建筑材料对环境和健康的影响，确保室内环境的高品质，包括防潮、隔音、日光和空气质量等。自 2016 年起，开发商被要求在设计和建设阶段进行气候计算。气候计算必须辅以分析和行动计划，其中包括减少气候影响的措施。

3. 能源领域的创新举措

能源领域碳排放占斯德哥尔摩碳排放的 19%，皇家港通过以下措施推动能源转型。

智能电网与区域供暖：皇家港采用智能电网系统，结合区域供暖和可再生能源的本地生产。斯德哥尔摩皇家港区公共空间以及某些步行和自行车道上安装了带有运动传感器的发光二极管（LED）灯，使其亮度可以自动调节：当路径无人时，亮度降低；当有人接近时，亮度增加。这项技术将成本和能耗减少了一半。区域供热系统主要利用生物质能与废水余热回收。虽然能源生产过程中仍涉及少量化石燃料的使用，但这些排放将被完全中和——通过 Stockholm

Exergi 公司在能源港（Energihamnen）规划建设的生物质能碳捕集与封存设施（Bio-CCS）。该设施设计年碳封存能力高达 80 万吨二氧化碳当量，将成为欧洲规模最大的负排放工程之一。

建设欧洲最大的生物碳捕集与封存设施：斯德哥尔摩 Exergi 计划在能源港建设欧洲最大的生物碳捕集与封存设施。在新的设施中，二氧化碳将从生物质发电厂的烟气中分离出来，并被压缩成液态，然后被运输至永久储存地点，在那里二氧化碳将被矿化并成为岩石的一部分。通过这一过程，生物质发电厂不仅提供能源，还能有效地从大气中移除二氧化碳，帮助减少全球温室气体排放。该设施预计于 2027 年投入运营，一旦投入运营，年捕集能力将达到 80 万吨二氧化碳，超过斯德哥尔摩同期的道路交通排放量。

皇家港项目自启动以来，已取得了显著成果。根据最新数据，皇家港社区所有新建建筑均为低能耗建筑，产能式建筑能耗为 12.3 千瓦·时/米^2。在能源与碳排放方面，皇家港的能源使用效率显著提高，平均建筑能耗比瑞典建筑规范条例低 26%。在交通与基础设施领域，社区内建造了 7490 个自行车停车位和 1980 个汽车停车位，8% 的公共空间停车位设有充电（拼车）设施和快速充电站，14% 的城市开发区域的停车位配备充电设施，推动了绿色出行。此外，皇家港新增绿地 14 万平方米，人均绿地面积达 11 平方米，显著提高了社区的生态环境质量和生物多样性。这些成果不仅体现了皇家港在可持续城市发展中的创新与实践，还为全球其他城市提供了宝贵的经验。

4.1.2　旧金山气候行动计划

旧金山作为全球气候行动的先锋城市，自 2004 年制定首个气候行动计划以来，始终在低碳转型、环境正义和社区参与方面处于领先地位。面对气候紧急状态、经济不平等和种族正义的长期挑战，旧金山通过一系列政策和行动，探索出了一条兼顾减排目标与社会公平的可持续发展路径。

1. 明确的政策框架："0-80-100-固碳"

旧金山的气候行动建立在清晰的政策框架基础上。2004 年，旧金山制定了首个气候行动计划，并于 2013 年对其进行了更新。2015 年，城市提出了"0-50-100"的气候行动框架，即零废弃物、50% 可持续出行和 100% 可再生电力。2017 年，这一框架升级为“0-80-100-固碳”，目标包括：①零废弃物。到 2030 年实现零废弃物。②80% 可持续出行。到 2030 年实现 80% 的出行方式为绿色交通（如公共交通、自行车、步行）。③100% 可再生电力。到 2030 年实现 100% 的可再生能源供电。④固碳。通过基于自然的解决方案（如植树、湿地恢复）增加碳汇。

2018 年，旧金山市长伦敦 · 布里德（London Breed）承诺城市将在 2050 年实现净零碳排放。2019 年，旧金山环境部门发布的《聚焦 2030：通往净零碳的路径》进一步明确了能源、建筑、交通和废弃物 4 个重点领域的减排路径。2021 年，旧金山监事会批准将净零碳排放目标提前至 2040 年，体现了城市应对气候危机的紧迫感和雄心。2022 年 12 月，旧金山发布了更具战略性和指导性的《旧金山气候行动计划 2021》（San Francisco’s Climate Action Plan 2021），面向新目标，计划进一步从“能源供给、建筑运行、交通和土地利用、住房、负责任的生产和消费、健康生态系统”6 个领域细化阶段目标和具体的行动举措。

2. 综合且创新的行动方案

《旧金山气候行动计划 2021》围绕能源供给、建筑运行、交通和土地利用、住房、负责任的生产和消费以及健康生态系统 6 个关键领域，制定了 31 项具体的行动策略。这些策略不仅考虑了减排潜力，还综合评估了政策成本、气候指标和公平性指标。此外，旧金山引入了创新的技术方法，如种族与社会公平评估工具（RSEAT）和共同利益的社会经济价值分析，为政策制定提供了科学依据。这种综合且创新的方法为其他城市提供了如何制定全面、可操作的气候行动方案的参考。

3. 社区全过程深度参与

旧金山在制定《旧金山气候行动计划 2021》时，始终坚持“规划应该为人服务”的理念，广泛发动公众参与，确保气候行动的公平性和可行性。整个编制过程中，参与人数近 24 万人，涵盖了在线调查、开放日评论、社交媒体互动、电子邮件等多种形式。此外，市长和环境部门联合举办了 11 场公共研讨会和 11 场社区演讲，特别关注低收入和有色人种（BIPOC2）社区的声音。这种深度参与不仅增强了政策的可行性，还提高了公众对气候行动的支持度。

4. 透明的实施与评估机制

旧金山将气候正义作为气候行动的核心，通过四个视角（种族和社会公平、经济复苏和公正转型、公众健康保护、城市复原力）评估每项政策。这种以公平为导向的方法确保了气候行动不仅关注减排目标，还致力于解决历史上的不平等问题。例如，城市通过绿色经济创造就业机会，支持受影响的工人和社区，同时保护边缘群体免受气候变化的负面影响。

同时，《旧金山气候行动计划 2021》明确了定期审查和更新的机制，每五年进行一次正式更新，以确保政策与时俱进。城市还建立了一个监测、评估和报告系统，通过共享仪表板跟踪关键指标，确保透明度和公众参与，增强了政策的可信度。

4.2　智慧城市与社会治理创新

4.2.1　阿姆斯特丹的智慧城市建设

阿姆斯特丹，作为荷兰的首都，是欧洲最早实行智慧城市战略的城市之一。自 2009 年起，阿姆斯特丹便通过一系列系统性和创新性的措施，开始着手实施其智慧城市战略，并逐步成为全球智慧城市的典范。2016 年，阿姆斯特丹被欧洲委员会评选为“欧洲创新之都”，这一荣誉不仅标志着该市在智慧城市建设方面取得了显著成就，还反映了阿姆斯特丹在全球范围内智慧城市领域的领先地位。

1. 强大的政策保障

阿姆斯特丹智慧城市的成功在于其战略规划与多方合作的有机结合。市政府通过制定详细的战略框架，确保智慧城市项目能够精准对接城市的实际需求。这种战略规划不仅关注技术层面的建设，如信息与通讯技术（ICT）基础设施的建设，更注重非技术因素的整合，包括政治承诺、跨部门协调和创新治理模式。通过这种全方位的规划，市政府能够在推动智慧城市发展的同时，确保技术创新与社会需求高度契合，从而避免了单纯依赖技术带来的局限性。

阿姆斯特丹市政府强调政治承诺和长期政策支持，这为智慧城市项目提供了持续的资金保障和政策保障。市政府通过制定相关法规和政策，鼓励企业和市民参与智慧城市建设，确保了智慧城市战略的稳定推进。在智慧城市建设过程中，阿姆斯特丹始终坚持“以人为本”的理念，将科技创新与社会需求紧密结合。例如，在智能交通领域，阿姆斯特丹通过大数据和智能交通系统优化交通流量，减少拥堵，提高市民出行便利性。在绿色能源方面，阿姆斯特丹借助智能电网技术实现了能源的高效管理，既降低了能源消耗，又提高了能源的可持续性。

阿姆斯特丹智慧城市战略展现了高度的灵活性和适应性。面对技术和社会需求的不断变化，市政府及时调整战略，将物联网、大数据、人工智能等新兴技术融入城市管理，不断提升城市的运营效率和居民的生活质量。这种灵活应变的能力使阿姆斯特丹始终走在智慧城市发展的前沿，确保了其智慧城市建设的长期可持续性。

2. 智慧城市平台：协同合作的核心

阿姆斯特丹的智慧城市建设得益于一个强大的平台——**阿姆斯特丹智慧城市（Amsterdam Smart City）平台**。该平台是阿姆斯特丹智慧城市战略的核心，它为各类创新项目提供了一个合作与展示的空间，帮助不同的参与方从中受益。

阿姆斯特丹智慧城市平台由十二个公共、私人和学术/研究合作伙伴组成，该平台的主要功能是促进各方合作，将创新的想法和项目与可能的实施伙伴对接。阿姆斯特丹的智慧城市项目不仅涉及政府和企业，还包括学术界、研究机构以及普通市民。该平台通过为项目发起人提供与其他部门协作的机会，促进了项目的实施，并确保项目能够从小范围试点到大规模应用的成功转化。

阿姆斯特丹智慧城市平台通过提供技术支持、资金支持和政策指导，促进了项目的实施和优化。至今，该平台已汇集 240 个处于不同实施阶段的项目，涵盖基础设施智能化、可再生能源管理、循环型废物处理和多模式交通优化等多个领域。平台为阿姆斯特丹的智慧城市解决方案提供了广阔的空间，也为其他城市提供了学习和借鉴的机会。

阿姆斯特丹智慧城市平台将所有项目和解决方案按以下六大领域进行分类：基础设施与技术；能源、水务与废物；交通；循环城市；治理与教育；居民与生活。这种领域划分使平台能够高效地协调和推动不同领域的合作，确保每个领域的创新项目都能够得到有效的支持与实施。

3. 完整的智慧城市方案生态系统

阿姆斯特丹的智慧城市建设不仅仅是一个个独立项目的实施，它实际上形成了一个完整的智慧城市方案生态系统（smart city solution ecosystem）。这个生态系统通过政府的引导、企业的创新、学术机构的研究和市民的参与形成了一个互相依赖、互相支持的创新环境。

阿姆斯特丹的智慧城市生态系统强调开放协作，鼓励政府、企业、学术机构和市民在不同领域的合作。通过政府制定支持性政策，企业提供技术和资金支持，学术机构提供研究支持，市民参与实际应用，阿姆斯特丹形成了一个良性循环，推动了创新的不断涌现。

阿姆斯特丹智慧城市平台展示了 47 个已完成的智慧城市产品，以及多个正在开发中的项目。这些产品和项目涵盖了多个领域，从智慧交通到循环经济，从智慧能源到废物管理，展示了阿姆斯特丹在智慧城市建设方面的卓越成就和创新能力。其他城市可以通过智慧提高自身的智慧城市建设水平。

4.2.2　赫尔辛基的城市治理创新：参与式预算

赫尔辛基的 OmaStadi 参与式预算是该市推动公民参与和社会福利创新的重要尝试。该机制不仅鼓励市民直接参与城市治理，还通过技术手段和社区互动提高社会包容性。

1. 数字化工具与在线参与

赫尔辛基采用了开源的 Decidim 平台，作为 OmaStadi 的核心工具。该平台允许市民提交提案、讨论、投票，并可以查看项目进展，确保过程的透明性和可追溯性。市民可以随时在线提交提案，无须亲自前往政府机构，提高了便捷性。同时，该平台的互动功能可以使市民相互交流，改进提案内容，增加了提案的可行性和合理性。

虽然 Decidim 平台大大提高了在线参与度，但是赫尔辛基市政府仍然保留了线下投票渠道，以确保不同社会群体的公平参与。在图书馆、学校、社区中心等地设立投票点，使不熟悉网络的市民仍能方便投票。政府通过社交媒体、电子邮件和社区公告等方式推广 OmaStadi，确保市民能够及时了解和参与。此外，为了照顾多语言人群，政府提供了芬兰语、瑞典语及部分少数族裔语言

（如俄语）和简化芬兰语的传播与服务支持，提高了信息可及性。

2. 公民共创与社区互动

赫尔辛基设立了 Raksa 工作坊，让市民与市政部门专家共同完善提案。该机制确保政府专家可以提供专业建议，使提案在法律和预算范围内可行。市民在市政部门专家的帮助下，更加清楚预算编制流程，减少不切实际的建议。同时，Raksa 工作坊也成为市民学习城市治理的一个平台，让他们了解政府如何运营，提高他们对公共事务的参与兴趣。此外，不同背景的市民在共创过程中相互交流，形成更加包容的提案，从而增强社区凝聚力。

政府还聘请了社区联络员（borough liaisons），负责各区的公民参与事务。社区联络员帮助市民提交提案，组织讨论会，为参与者提供个性化支持，解答疑问，确保他们能顺利参与。对于老年人和移民群体，社区联络员提供额外的支持，如面对面指导和语言翻译服务。这一举措不仅提升了不同社会群体的参与度，还增强了政府与公民之间的信任。

3. 社会包容性与公平性

赫尔辛基市政府采取了一系列措施，确保社会不同群体尤其是弱势群体的公平参与。OmaStadi 平台和宣传资料提供多语言选项，并组织专门面向移民的宣传活动。政府在移民聚居区、低收入社区开展定向宣传，提高他们对参与式预算的认识。此外，赫尔辛基市政府提供无障碍投票方式，如语音投票系统和辅助设备。

尽管如此，赫尔辛基仍然面临一些公平性挑战。例如，较富裕的城区投票率较高，而低收入地区的投票率相对较低。此外，一些更受欢迎的提案，如公园美化项目，更容易获得公众支持，而涉及社会服务的提案往往难以胜出。政府正在探索如何通过增加宣传、提供额外技术培训等方式提高低投票率社区的参与度，并优化资源分配机制。

4. 预算优化与治理创新

赫尔辛基最初为 OmaStadi 设定的预算为每年 440 万欧元，之后调整为两年一轮，预算调整至 880 万欧元。这一调整促进了更多提案的落实，提高了项目执行率，并增强了市民的积极性。赫尔辛基市政府逐步优化预算分配机制，确保资金流向具有长期影响的项目。同时，部分官员提出未来可能将 OmaStadi 列为市政预算的固定支出项目，以增强其可持续性。

赫尔辛基市政府在决策过程中注重透明度和问责机制。所有预算使用情况和项目进展均在官网公示，市民可以随时追踪进度。赫尔辛基市政府建立了反馈机制，市民在投票后可以对实施过程进行评价，赫尔辛基市政府据此优化下一轮的预算流程。此外，赫尔辛基市政府委托独立研究机构对 OmaStadi 进行评估，并依据评估结果调整实施方案，以确保政策的持续优化。

OmaStadi 不仅提升了市民的民主参与度，还带来了更广泛的社会影响。市民通过直接参与预算编制，感受到赫尔辛基市政府的开放性和透明度，并增强了对地方治理的信任。同时，这一模式促进了市民对地方决策的理解，为未来更广泛的公民参与奠定了基础。此外，OmaStadi 还推动了城市基础设施的改善，如增加健身设施、公园维护等，提高了市民的生活质量。

4.3　城市财政可持续性与债务管理

4.3.1　日本的债务管理体系

如图 4-4 所示，1989～2004 财年，日本地方政府债务余额及其占 GDP 的比例大幅上升，而在 2004 财年以后趋于稳定，之后有缓慢下降趋势，其地方政府债务管理的经验对当前处于化债阶段的中国而言具有较强的参考意义。

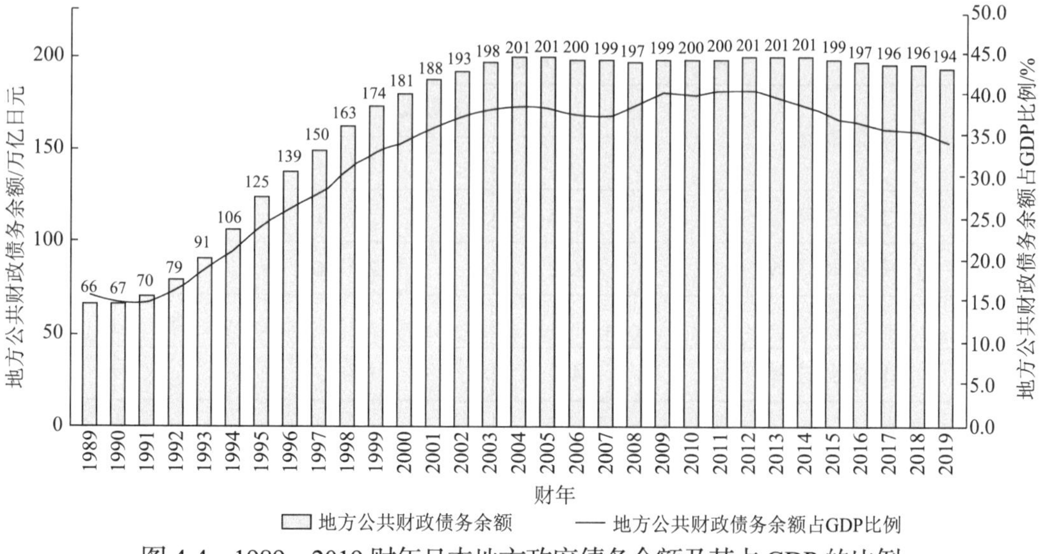

图 4-4　1989～2019 财年日本地方政府债务余额及其占 GDP 的比例

资料来源：龙小燕，2020

日本地方政府债务管理以发行地方政府债券为主要融资途径，辅以中央政府借款和银行贷款。2006 年前，日本实行严格的审批制，地方政府发债需由总务省统一决定发行规模、利率及偿还方式；2006 年后转为协商制，符合条件的地方政府可与总务省协商发债条件，但仍需遵循中央政府设定的标准。总务省每年发布发债许可的地方政府财政标准，将地方财政状况划分为稳定、预警、恶化三个区间：财政稳定的地方政府仅需通知中央政府即可发债；处于预警区间的需提前协商并获得许可；处于恶化状态的则需严格审批。协商制实质上通过中央政府的信用担保控制发债规模，获得许可的地方政府可将发行债务纳入地方财政计划，享受转移支付调整和优惠借款，而未获许可的需自行承担市场风险。

日本建立了严密的地方财政计划体系，包括“地方财政计划”“地方政府债务计划”“财政投融资计划”，分别从债务规模、用途及偿债资金来源确保债务安全。债务风险预警指标体系涵盖实际赤字率、合并实际赤字率、实际债务偿付率和未来债务负担率等指标。例如，省级政府的实际赤字率预警线为 3.75%，市级为 11.5%～20%（表 4-1）；若实际债务偿付率超过 25% 或未来债务负担率超过 400%，则触发预警。当地方财政进入预警状态时，需制定财政改进计划并接受外部审计监督，定期汇报进展；若恶化至重建线（例如，市级实际赤字率超过 20%），则需启动财政重建计划，由中央政府接管并实施严格的支出削减和税收增加措施。

表 4-1　日本地方债务的预警指标　　（单位：%）

财政指标	预警线		重建线	
	省	市	省	市
实际赤字率	3.75	11.5～20	5	20
合并实际赤字率	8.75	16.25～20	15	30
实际债务偿付率	25	25	35	35
未来债务负担率	400	400		

在政府债务发行方面，日本采取了一系列可行举措。日本通过财政投融资计划（FILP）和地方公共团体金融机构（JFM）降低债务成本。FILP 为地方政府提供长期低息贷款，2019 年其融资成本低至 0.002%～0.5%；JFM 则通过联

合发债和信用增级降低融资风险，其债券利率较市场平均低 0.3%～0.4%。地方交付税制度通过中央转移支付保障基本财源，确保偿债能力。例如，地方交付税占夕张市财政收入的比例调整后，缓解了其偿债压力。此外，日本引入市场约束机制，信用评级机构对地方政府进行评级，影响其融资成本和市场准入，AAA 级地方政府可享受更低利率和更宽松的发债条件。在执行层面，推动中央政府向地方政府借款、上级政府向下级政府借款也是日本债务发行值得借鉴的方面。日本地方政府在《地方政府财政健全化法》的框架内，可通过财政投融资计划申请中央政府的财政金融贷款为公营企业和建设项目融资。如图 4-5 所示，从 2017 年日本政府债务来源可以看出，都道府县以市场公募为主，而偿债能力较低的市町村以 FILP 为主。

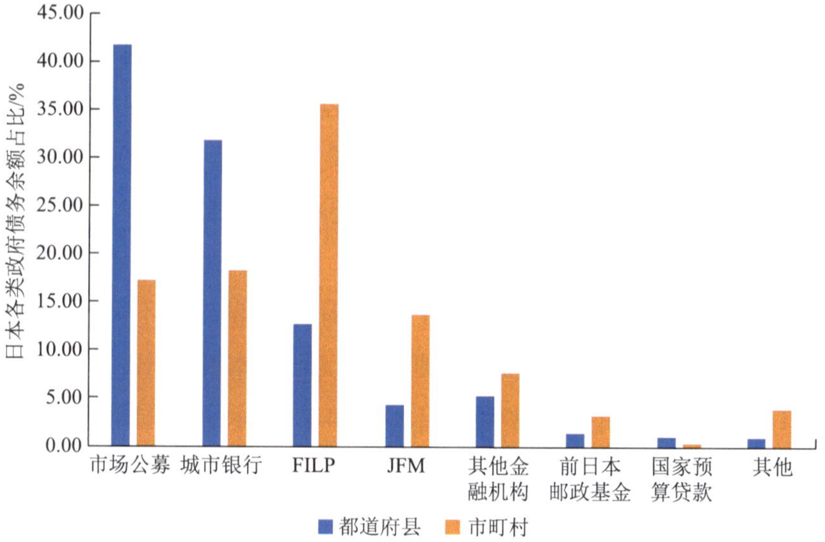

图 4-5　2017 年日本各类政府债务余额占比

数据来源：日本 JFM 官方网站

债务危机处置方面，日本依据《地方财政再建促进特别处置法》，允许陷入危机的地方政府申请成为“财政重建团体”。中央政府全面接管地方自治权，通过削减支出、增加税收及处置资产等方式实施财政重建。以北海道夕张市为例，2007 年该市破产后制定了 18 年偿还 353 亿日元的计划：年度预算从 568 亿日元骤降至 84 亿日元，公务员数量减少近六成，公共服务仅维持最低标准；提高地方税税率和公共服务收费，并由中央和北海道政府代付基本福利支出。此外，中央政府协助解决失业等社会问题，确保重建过程有序。

日本的地方政府债务管理强调中央与地方的协同。总务省通过“地方财政计划”动态监控债务指标，并与财务省、地方公共财政局联合审查重大项目融资。地方政府在发债前需提交详细的资金使用计划和偿债方案，经多重审核后方可实施。此外，日本通过立法明确责任追究，对违规举债或虚假披露的地方政府中断财政支持，相关责任人面临刑事处罚。这些措施共同构建了多层次、全流程的债务风险管理框架，有效遏制了债务规模的无序扩张。

4.3.2　美国的地方政府债务管理体系

美国地方政府债务管理以市政债券为主要融资途径，包括一般责任债券和收益债券两类。一般责任债券以地方政府税收为偿债来源，用于无收益的公共项目建设；收益债券则以项目收益为担保，用于污水处理等准公共产品，发行机构为特定代理或授权机构。美国实行联邦、州、地方三级财政管理体制，地方政府举债决策不受联邦或州政府干预，但需经选民投票或议会审批。

债务规模控制方面，37 个州采用债务率（存量债务/财政收入）、负债率（存量债务/地方生产总值）和偿债率（债务还本付息/财政收入）作为指标，其上限分别为 90%～120%、13%～16%和 7%。例如，北卡罗来纳州要求资产负债率低于 8%，马萨诸塞州规定一般责任债券还本付息支出不得超过财政总支出的 10%。债务资金用途遵循“黄金法则”，仅限资本性支出，如基础设施、教育、公共事业等，禁止用于经常性支出。表 4-2 展示了美国哥伦比亚红绿灯预警系统对地方政府借款的限制。

表 4-2　美国哥伦比亚红绿灯预警系统对地方政府借款的限制（单位：%）

项目	绿灯区	红灯区
利息支出率	＜40	＞40
债务率	＜80	＞80
借款规定	可签订新借款合同	禁止地方政府借款

美国通过市场机制约束地方政府举债行为，依赖信用评级和信息披露制度（表 4-3）。标准普尔、穆迪和惠誉国际三大评级机构对地方政府的信用评级直接影响融资成本及成功率。债务信息披露需遵循统一规范，包括债务规模、收支明细及重大财政变动，相关信息公开可查。风险预警机制涵盖赤字率、连续

赤字、债务期限及平衡表缺额等指标。俄亥俄州制定的《地方财政紧急状态法》规定州审计局核查财政状况，设立“预警名单”和“危机名单”。在监管方面，美国证券交易委员会市政债券办公室负责反欺诈事后监管，市政债券决策委员会制定规则，自律组织参与信息披露准则制定。债券保险制度自 20 世纪 70 年代发展成熟，保险公司赔付违约本金利息，同时监督地方政府财务及项目。

表 4-3　美国市政信用融资的特点

项目	特点
市政信用融资形式	资本市场融资
优势（与西欧对比）	财政透明度
缺点（与西欧对比）	上级救助预期、道德风险问题

在危机处理方面，美国《破产法》第九章允许地方政府申请破产，但需通过联邦破产法院审查及债务调整计划确认。联邦政府不参与救助，州政府协助财政调整与债务重组。破产地方政府需制定恢复计划，削减支出（如减少人事费用）、增加税收（提高税率、处置资产）及债务重组。例如，1975 年纽约市债务危机中，州政府成立市政援助公司发行长期证券，将短期债务证券化。破产恢复计划需债权人协商同意并履行法律程序，确保基本公共服务不受影响。联邦政府救助罕见，但通过宏观经济政策间接支持。州政府主要通过财政改革[如增税（加利福尼亚州提高所得税及销售税税率）及削减福利支出]自救。联邦政府可信的“不救助”承诺抑制道德风险，促使地方政府审慎举债。

与其他欧美国家相比，美国和日本在债务管理方面较为成熟，政府债务在经济社会发展中扮演的角色较为重要。因此，分析日本和美国债务管理体制的案例，对当前阶段实现隐性债务“清零”、完善地方政府债务管理机制具有较好的借鉴意义，能够促进我国城市财政可持续性，推动财政治理从“规模扩张”向“效能提升”转型，防范系统性金融风险。

4.4　城市更新与空间管制

自 20 世纪 90 年代中期以来，我国城镇化率以年均增长超过 1 个百分点的增速提高，截至 2024 年底我国城镇化率已经达到 67.00%。随着扩张主导的快速城镇化转向以人文本的新型城镇化，城市开发建设从粗放型外延式发展转向集约型内涵式发展，城市治理的重点也从增量空间的管控约束转向存量空间的优化更新，需要对快速城镇化时期形成的大量住房、工厂、商业设施、道路等基础设施以及城镇建设用地进行高效配置与优化，这就要求城市治理手段更加弹性化、精细化。发达国家进入城镇化平稳期后，对城市空间的弹性管控、精细管理以及城市更新等的经验和措施值得存量时代下我国城市建设管理借鉴。

4.4.1　新加坡城市留白与弹性规划

新加坡的城市留白分两个层面，在宏观层面的概念规划中为“战略储备区”（reserve site），在实施层面的总体规划中为城市“白地”（white site）。战略储备区最早在 1971 年新加坡首轮概念规划中为超前预留的中央储水区和重大基础设施用地，在 1991 年第二轮概念规划中为预留廊道，最后在 2001 年的规划中被明确为“战略储备区”（唐爽和张京祥，2023）。“战略储备区”是为未来发展预留的后备空间，每 5 年进行一轮评估，结合市场需求有序开发利用。

与“战略储备区”的刚性留白不同，总体规划中的“白地”更多地体现规划的弹性与灵活性以及土地功能混合性、多元性，以应对城市发展的不确定性。“白地”的概念在 1995 年由市区重建局提出，在 1998 年的总体规划中予以落实。“白地”最初为住宅、办公、商业和酒店四种功能，2003 年总体规划中增加了酒店式公寓、休闲俱乐部、协会组织三种可选用地功能，到 2008 年进一步增加了会展中心和娱乐设施两种用地功能，形成了相对稳定的九种用地功能，并在此后的 2014 年和 2019 年两轮总体规划中保留并沿用。图 4-6 展示了 2019 年新加坡总体规划。开发商可以选择九种用地功能中的一种或多种功能进行混合开发，并在各类用地功能之间进行自由转换，而不必进行规划调整的上报与审批流程，以更好地适应市场需求的变化，保持区域发展活力，灵活、多元的“白地”成为具有代表性的规划土地预留和混合利用模式。

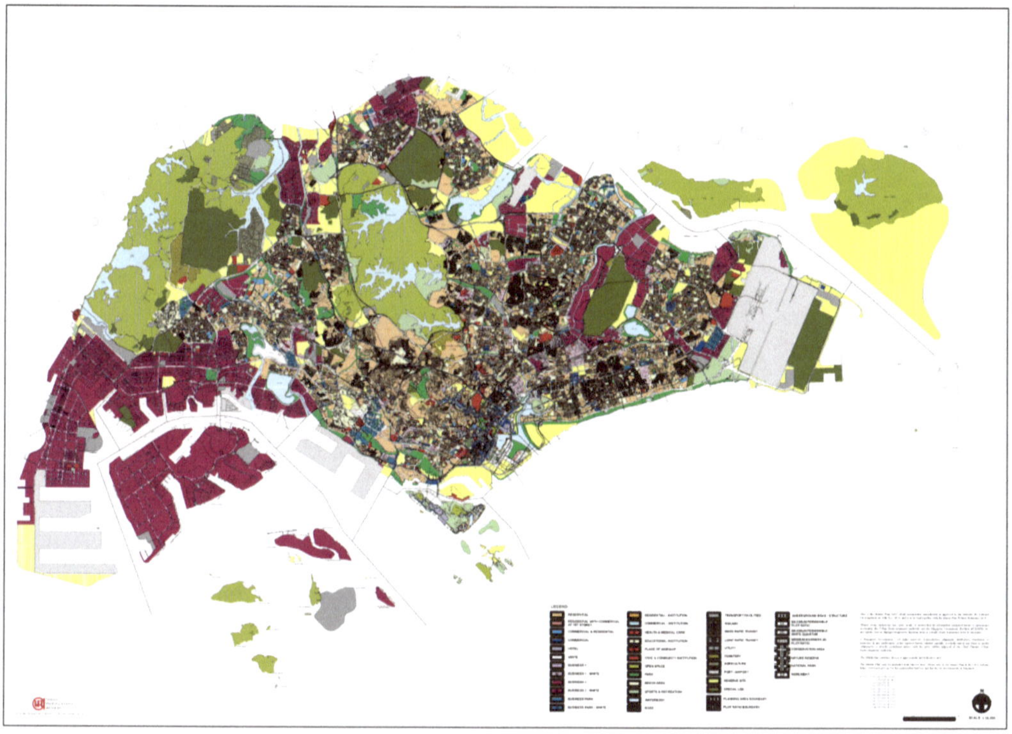

图 4-6　2019 年新加坡总体规划

资料来源：https://eservice.ura.gov.sg/maps/?service=mp&year=2019

“白地”在总体规划中就是白色图斑，一般位于新城开发、商业中心、交通枢纽、历史文化保护等区位好、交通便利、配套完善的地段（黄经南等，2014），可通过功能的混合开发大幅提高区域发展活力，具有很高的开发和增值潜力。新加坡政府对“白地”的设置有严格的要求。“白地”作为投放和开发严格管控的用地类型，其规模仅占全部规划用地面积的 0.3%，80% 以上的“白地”都集中在新加坡的商务和服务业中心——滨海湾（Marina Bay CBD）地区（图 4-7），现在该区域仍保留着一定数量的“白地”，其价值已经远超过去几倍。同时，已经出让的“白地”，由于其功能的灵活性，能够很好地适应市场需求，避免了土地被较低产出的土地利用类型占用。根据新加坡国立大学城市与房地产研究中心报告，2000～2021 年，Marina Bay CBD 地区的“白地”中有 10% 由办公区转变为商业区。由于严格的管控，“白地”成交很少，新加坡土地销售公告显示，1996～2021 年新加坡全域仅成交“白地”21 宗。

图 4-7　滨海湾地区（Marina Bay CBD）“白地”分布情况

虽然“白地”用地功能相对灵活，但是仍有相关详细清晰的用地管控要求。为了在土地混合开发的模式下保障区域产业健康发展，避免过度地产化，市区重建局制定了针对各类产业“白地”最低产业功能容积率的规定，对“白地”功能使用量，以及“白地”功能启用条件等进行了详细规定，其他总建筑面积、各功能面积区间以及建筑高度等具体的规划要求在地块的招标技术文件和管控导则中呈现。即使土地使用权被出让给土地使用者，政府也依然保持合理有效的监管（表 4-4），并非“一锤子”买卖。例如，2010～2019 年，金沙酒店项目的 138 宗规划许可记录中，67 个为内部功能用途的变更，有 1 次变更未被许可（黎子铭和王世福，2021）。

表 4-4　“白地”管控要求

区划类型	用途说明	备注
白地	主要用于商业、酒店、住宅、体育、娱乐及其他兼容用途，或两种及以上此类用途的混合开发	为实现一个区域的总体规划意图，在某些地区可能会对总量和用途类型提出具体控制要求

续表

区划类型	用途说明	备注
产业园-白地	主要用于产业园用地和白地中允许用途的混合开发	白色用途的使用不得超过规定比例：例如，分区“BP-W[40]”表示允许使用的白色用途总量不得超过总建筑面积的 40%；此外，不超过商业园用地功能总建筑面积的 40% 可以被用于其他允许的辅助用途
产业 1 类-白地	主要用于产业 1 类用地和白地中允许用途的混合开发	产业 1 类用地功能额达到最低容积率才允许白色用途：例如，分区“4.2[B-2.5]W”表示该地块最大容积率为 4.2，且只有产业 1 类用地功能容积率达到 2.5 后，白色用途才被允许；此外，相助用途不得超过产业 1 类用地功能总建筑面积的 40%
产业 2 类-白地	主要用于产业 2 类用地和白地中允许用途的混合开发	产业 2 类用地功能额达到最低容积率才允许白色用途：例如，分区“4.2[B-2.5]W”表示该地块最大容积率为 4.2，且只有产业 2 类用地功能容积率达到 2.5 后，白色用途才被允许；此外，相助用途不得超过产业 2 类用地功能总建筑面积的 40%

资料来源：新加坡政府《2019 年总体规划书面说明》。

4.4.2　日本城市更新与法治化管理

日本的城市更新始于第二次世界大战后的战后重建。2000 年以来，在 20 世纪 90 年代泡沫经济破裂后，日本经济长期萧条，加之少子化、老龄化等日益突出的社会问题，使日本各大城市出现了中心城区的衰退和空心化问题，城市更新再次受到政府的高度关注。

2000 年前后，日本先后通过了《中心市街地活性化法》和《都市再生特别措施法》，鼓励土地所有者、基层政府，以及都市和中央政府推动城市更新。1998 年通过的《中心市街地活性化法》赋予市町村等基层政府制定“中心市街地活性化基本规划”的权利，并根据这一规划，基层政府可以联合土地所有者、社区及市场力量，统筹推进一些城市再开发类项目和基础设施项目。2002 年出台的《都市再生特别措施法》对日本《城市规划法》进行了修订，增加了“都市再生紧急整备地域”和“都市再生特别地区”，通过放宽这些区域容积率、建筑高度、建筑规模等的限制，实现更高自由度的土地再开发利用，并结合政府的投资或收税减免等，鼓励和加快城市化地区的城市更新，刺激经济复苏。需要强调的是，“都市再生特别地区”是具体实施更新的区域，但这个区域首先需要纳入“都市再生紧急整备地域”中。

《都市再生特别措施法》的实施加快了政府主导的城市更新工作。以东京都为例，东京都政府在《都市再生紧急整备地域》指导下将包括东京市中心、滨海前沿区以及品川站、新宿站和涩谷站等副中心在内的共计 2500 公顷的区域划定为“都市再生紧急整备地域”（图 4-8）。之后，东京都政府根据开发商的提议划定“都市再生特别地区”，并依据开发商地区开发对区域设施的改善以及东京城市竞争力的提高等，获得容积率的奖励、缩短项目许可期限以及必要的财政援助和税收减免等。“都市再生特别地区”的更新和再开发不受现行规划

图 4-8　东京的“都市再生紧急整备地域”

资料来源：https://www.toshiseibi.metro.tokyo.lg.jp/machizukuri/kozo_seibi/kyoten_seibi/toshisaisei/toshisaisei_suishin

和开发导则的限制。截至 2024 年 11 月，东京都共有 63 个地区（163 个地块）被划定为“都市再生特别地区”，总面积 256.62 公顷[①]。结合 2020 年东京奥运会，在这些“都市再生特别地区”中，设立了 150 个重点更新项目，对具有国际影响力的商务中心和对外国际交往设施等进行更新。值得注意的是，日本都市政府自身不会提出“都市再生特别地区”，这些更新地区和项目全部由开发商提出。

日本对城市更新的制度设计是多层次体系化的。宏观战略层面有“都市再开发方针”等专项规划，为全国城市更新提出全局性、长期性、综合性指引，中观层面的各类规划包括都市再生紧急整备地区、市区再开发促进区域和各类整理促进区，提供分区政策引导；微观实施层面有“都市再生特别地区”和“市街地开发事业”等针对具体更新项目的政策工具。日本城市更新制度的一个核心任务就是处理土地问题，如土地权利变换和土地买卖。因此，城市更新政策工具的增加和调整都对应着城市规划相关法律的修订和补充，具有明确的法律基础和依据（周显坤，2017）。2000 年开始的大规模城市更新使日本城市发展从“基于规划”转向“基于项目”，通过开发商与政府就单个项目磋商和评估，自下而上地推动城市的更新，实现远景的、弹性的城市发展目标。

与欧美国家相比，新加坡和日本等亚洲国家与我国都属于大政府国家，政府在城市发展和更新过程中发挥着关键作用。因此，对新加坡以“白地”为代表的规划阶段弹性化管理和日本城市中心区域面临衰退的城市更新两方面的案例进行剖析，对我国存量时代城市精细化治理、弹性管理以及城市更新等具有较好的借鉴意义，能够促进我国城市治理能力的现代化。

① 来源于东京都都市整备局网站（https://www.toshiseibi.metro.tokyo.lg.jp/machizukuri/kozo_seibi/kyoten_seibi/list_saisei）。

第 5 章　未来城市高质量发展的战略重点

未来一段时期，我国城市的战略发展重点应聚焦于构建分层级科技创新网络、近零碳城市体系与智慧城市架构，推动资源利用与空间治理模式转型；以普惠公共服务、韧性基础设施与数字包容机制积极应对人口结构变迁与复合风险挑战，并激活文化遗产与制度创新潜力，探索具有全球引领力的中国特色城市现代化路径（图 5-1）。

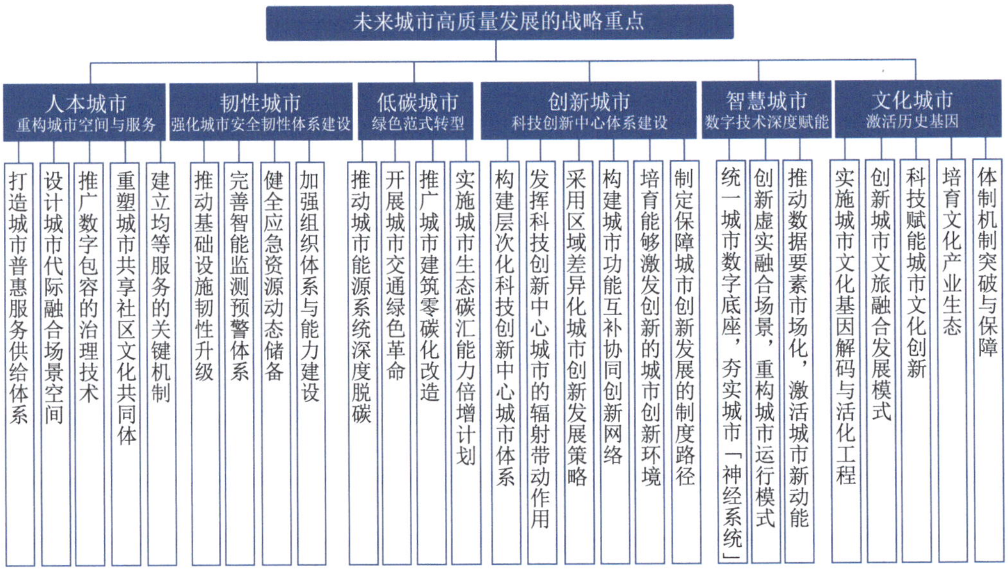

图 5-1　未来城市高质量发展的战略重点

5.1　人本城市：重构城市空间与服务

城市高质量发展的本质是以人的全面发展为核心重构城市系统。本节提出“全龄友好型社会”作为人本城市的实现路径，通过空间正义、服务革命、技术包容、文化共生四大维度的结构性变革，构建覆盖全生命周期的城市发展范式。这种模式突破了传统福利国家的制度限制，在社会主义市场经济框架下探索出代际公平与多元共生的新型城镇化道路。全龄友好型社会是以“全生命周期需求覆盖、代际资源公平共享、多元群体融合发展”为核心的新型社会形态。通过“制度重构打破资源壁垒、空间再造促进代际融合、技术赋能实现精准服务、文化创新凝聚共同体意识”的四维变革，推动城市发展模式从 GDP 导向转向人的全生命周期福祉导向，为全球提供人口大国应对老龄化、少子化的中国方案，走出一条不同于西方福利国家的共同富裕之路。目标：2035 年基尼系数降至 0.35，保障性住房覆盖 30% 常住人口；社区养老托育设施覆盖率 100%，适老化改造完成率 95%；老年人口社会参与率超 60%，青年住房自有率提升至 50%。

5.1.1 打造城市普惠服务供给体系

建立“15 分钟全龄服务圈”，推广社区嵌入式养老和普惠托育网络，提升“一老一小”社会服务能力。在设施配置上，推行“养老托育设施配建指标”制度，要求新建社区按常住人口的 5% 配建养老床位、按其 3% 配置托育点位，并通过土地混合使用政策激励商业设施兼容服务功能。发展银发经济，加强每个街道“日托+医疗+助餐”集成的养老综合体建设，推广垂直康养社区模式。发展全龄教育体系，推动社区学校覆盖全龄段和学分银行制度，使学历教育、职业培训、兴趣学习成果互认。

5.1.2 设计城市代际融合场景空间

遵循“空间正义”原则，重构城市更新中的空间代际关系。制定全龄友好社区设计规范，将棋牌室、儿童游乐区等列为老旧小区改造的强制性标准，并通过容积率奖励机制激励开发商配建代际交流空间。推行“无障碍城市”认证制度，将人行道零高差改造、电梯覆盖率等指标纳入政府绩效考核，提升老旧小区加装电梯的政府补贴力度，2035 年前实现 95% 建成区达标。

5.1.3 推广数字包容的治理技术

技术层面实施“适老化数字基建工程”，强制要求公共服务 APP 保留语音交互和方言识别功能，社区自助终端保留现金支付通道。社会层面开展“数字反哺行动计划”，将青年志愿者服务时长与学分、积分落户挂钩。制度层面建立“数字包容性指数”，每季度监测各年龄段数字服务可及性，提高老年人数字使用率。

5.1.4 重塑城市共享社区文化共同体

创建“社区记忆工程”，通过口述历史档案馆保存代际集体记忆。发展“时间银行 3.0”系统，将养老照护、儿童看护等服务时间转化为通用积分，实现代际服务闭环。设立“全龄文化创新基金”，支持祖孙学堂、跨代共读等文化项目，形成“老有所传、幼有所承”的文化传承机制。

5.1.5 建立均等服务的关键机制

建立“人口-资源”动态预警系统，按季度调整学校、医院布局；创新资源再分配方式，土地出让金定向使用，要求不低于 20% 用于全龄友好设施建设；通过社会企业认证和政府和社会资本合作（PPP）项目包，建立市场化参与模式，对提供普惠托育、适老化改造的企业减免税费；将养老设施与商业开发捆绑招标，实现需求精准匹配；建立“家庭综合账户”，整合教育、医疗等 12 类补贴智能发放。

5.2 韧性城市：强化城市安全韧性体系建设

以“平时精维护、急时快转换、灾后自修复”为原则，通过“基础设施硬加固+数字系统软升级+体制机制深改革”的三维重构，努力实现防御能力跃升、恢复效率倍增、弹性适应增强，使城市核心系统抗灾能力达国际领先水平，灾后功能恢复速度较现状提升 3 倍，并建立起动态调适的韧性生长机制，最终构建起具有中国特色的城市安全发展新模式。目标：2025 年为攻坚期，所有特大以上城市完成生命线系统风险评估，建成城市信息模型（CIM）基础平台；2030 年为提升期，实现能源、供水、通信系统双回路覆盖，灾害预警提前量达 6 小时；2035 年为成熟期，形成全球领先的城市韧性标准体系，重大灾害年均经济损失降至 GDP 的 0.5% 以下。

5.2.1 推动基础设施韧性升级

充分利用地下空间，建设深层排水隧道、规划地下物流通道等深层隧道系统；建设复合功能设施，拓展地铁站集成应急避难功能；开展地上设施冗余设计，建设双回路能源系统，保障交通网络的多路径；构建“地铁+快速公交系统+应急通道”立体交通，提升桥梁抗震等级至 8 级。

5.2.2 完善智能监测预警体系

融合全域感知网络和数字孪生平台，构建城市神经系统；布设百万级智能传感器，建立基础设施健康度 AI 诊断系统，建立蓝色（常规防御）–黄色（局部动员）–橙色（区域停摆）–红色（全域应急）分级预警响应机制，实现突发事件智能监测预警与自动响应。建立“韧性数字底座”认证制度，要求新建建筑嵌入结构健康监测芯片，既有建筑改造需加装智能传感模块，2035 年前完成特大城市重要建筑全覆盖。

5.2.3 健全应急资源动态储备

建设三级储备体系和智能调配系统等分布式仓储网络。建设市级储备库（满足 30 天需求）+区级中心（满足 7 天需求）+社区站点（满足 72 小时需求）三级储备体系。建立社会化储备机制，与重大超市、商场等签订协议，紧急状态下征用商超库存；加强建筑企业储备工程机械保障。

5.2.4 加强组织体系与能力建设

建立韧性城市建设“压力测试”制度，要求特大城市每年开展极端情景推演并公布韧性短板清单；建设特种救援队伍和医疗应急体系，增强专业化应急力量；确保国家综合性消防救援队伍扩编至 25 万人，配备高层灭火机器人、核生化处置装备，建立民间救援队认证体系；建设国家紧急医学救援基地，推广“5G+急诊救治”模式；开展常态化演练机制和社区应急单元建设，推广家庭应急包，提升全民应急素养；实施全民韧性素养提升工程，将应急技能纳入基础教育必修课程。

5.3　低碳城市：绿色范式转型

以“技术创新破瓶颈、制度创新激活力、模式创新拓场景”为核心构建近零碳城市体系，在能源革命、空间重构、产业转型、治理升级四大维度同步发力；通过“东部引领—中部崛起—西部赶超”的梯度推进。目标：至 2030 年形成 100 个近零碳示范城市；2035 年单位 GDP 能耗较 2020 年下降 45%。

5.3.1　推动城市能源系统深度脱碳

实施城市清洁能源替代工程。基于城市太阳辐射、地热梯度等自然地理要素，构建分布式能源潜力地图。东部沿海城市重点发展光伏建筑一体化（BIPV），新建建筑屋顶光伏覆盖率提升至 100%；西部地热富集区推行“地热+储能”区域供能系统。加快智慧电网升级，建设“虚拟电厂”聚合分布式能源，2030 年需求响应能力达 5%。推广光伏+储能+直流配电+柔性用电的“光储直柔”建筑，降低建筑能耗。开发城市风热环境模拟系统，通过建筑形态优化提升自然通风效率，降低空调负荷 30%。

5.3.2　开展城市交通绿色革命

全面推动城市内部交通电动化。强化公交先行，2030 年城市公交电动化率 100%；推进私家车转型，推广“碳积分+路权优先”政策，2035 年新能源汽车占比超过 50%；完善立体交通网络，推广“空中巴士+地下物流”立体交通；优先在特大城市率先建设“地铁+市域铁路+云巴”多制式轨道网络；逐步有序地发展地下物流系统。

5.3.3　推广城市建筑零碳化改造

普及超低能耗建筑，新建建筑 100% 执行超低能耗标准；加强既有建筑改造，推广“被动式技术+智能运维”模式，降低建筑能耗；创建“城市矿产”地理数据库，运用遥感技术监测建筑拆除动态，实现 90% 建材数字化追踪回收；在西南竹资源富集区推广现代竹木结构建筑集群，使建筑全生命周期碳排放下降 65%；推广“光伏+储能+直流配电+柔性用电”集成的光储直柔技术，实现 2030 年新建建筑 100% 执行绿色标准。

5.3.4 实施城市生态碳汇能力倍增计划

实行蓝绿空间倍增计划，城市建成区绿地率提升至 50%，蓝绿空间占比超过 55%，建设“口袋公园-社区花园-城市湿地”三级碳汇网络；提升都市农业碳汇能力，推广“鱼菜共生”“垂直农场”等都市农业模式；建立农业碳汇交易平台，推行个人碳账户，公交出行、垃圾分类可兑换公共服务积分，发行碳中和市政债。

5.4 创新城市：科技创新中心体系建设

未来中国城市科技创新需以“四个面向”为指引——面向世界科技前沿、面向经济主战场、面向国家重大需求、面向人民生命健康，通过制度创新释放要素活力，以场景驱动技术迭代，用开放聚合全球资源。目标：到 2035 年，建成 3 个世界级科创走廊、30 个全球科创中心城市，50 个硬科技产业集群，形成“基础研究-产业创新-民生应用”的完整科技创新生态链，使科技创新不仅成为经济增长引擎，更成为实现城市共同富裕、生态文明、治理现代化的核心支柱，全面彰显中国式现代化道路的科技内涵与制度优势。

5.4.1 构建层次化科技创新中心城市体系

形成“国际-国家-节点”层次化科技创新中心城市体系。第一层级即三大国际科技创新中心，2035 年城市整体创新能级大幅提升，科创指数进入全球前五。其中，北京依托中关村、怀柔科学城，聚焦基础研究（量子信息、脑科学），打造全球原始创新策源地；上海依托张江科学城联动长三角 G60 科创走廊，主攻集成电路、生物医药，形成“研发—中试—量产”全链条；粤港澳大湾区推动“金融+科技”跨境融合，建设国际数据自由港。第二层级即国家级科技创新中心，在成渝、武汉、西安 3 个国家科技创新中心的基础上，布局 10 个左右国家级科技创新中心，成为区域高质量发展的核心引擎。第三层级即专业化创新节点城市，每个节点城市培育 1 个以上千亿级硬科技产业集群，如苏州生物医药产业集群、合肥“人造太阳”聚变能源产业集群、东莞智能终端制造产业集群、青岛海洋碳封存技术应用产业集群。

5.4.2　发挥科技创新中心城市的辐射带动作用

强化核心城市策源功能，织密科技要素流动梯度辐射网络。以京津冀、长三角、粤港澳大湾区为创新极，通过高铁“3 小时经济圈”带动武汉、成都等中西部节点城市形成“研发—转化—制造”链条，到 2030 年力争使三大枢纽的技术溢出半径扩展至 1000 公里，带动 200 个地级市进入全球创新网络，为中国式现代化提供核心动能。通过云上中试平台等数字技术穿透地理阻隔，最终形成“核心引领、梯度扩散、全球链接”的“核-链-网”协同创新中心体系。在集成电路、新能源等战略领域，由核心城市龙头企业担任“链长”，统筹跨区域产能布局，例如中芯国际集成电路制造有限公司牵头长三角芯片产业链协同。推进共享科技设施覆盖，在国家级新区、高新区布局大科学装置，向周边城市开放使用权限。

5.4.3　采用区域差异化城市创新发展策略

东部城市群应围绕全球竞争加强制度突破。在技术攻坚方面，参考日本“特区”制度，北京怀柔、上海临港试点“科研自由区”，允许外籍科学家主导敏感项目。在数据流动方面，在深圳前海、横琴推行“数据跨境白名单”，实现与港澳科研数据无障碍流通。中西部城市应积极承接产业并以特色突围。发展飞地经济 2.0 模式，参考河南郑州在杭州设立“中原创新飞地”，共享浙江数字经济资源，反向赋能本地制造业升级。推动资源转化，参考贵州依托大数据中心，将电价优势转化为算力产业，建成“东数西算”核心枢纽。重视生态补偿，参考云南普洱建立“碳汇交易中心”，将森林资源转化为科创企业碳配额。东北与资源型城市应推动工业遗存向创新创意产业园区转型，与南方科研机构共建“冬季实验室”，吸引科研团队利用寒地条件开展特殊材料测试，发展“候鸟式”创新。

5.4.4　构建城市功能互补协同创新网络

探索创新飞地、创新走廊、区域联动和产业链互补等多样化协同创新模式，通过跨区域税收分成等制度开放打破行政壁垒。推动长三角、珠三角、京津冀、成渝等世界级城市群协同创新，共建联合实验室和共性技术平台，如深圳（芯片设计）-苏州（晶圆制造）-合肥（封装测试）的半导体产业链协作。沿长江经济带、京沪高铁线布局“科创走廊”，实现人才、数据、资本等要素高效流动。成都与重庆共建“成渝科创飞地”，实现专利互认、税收分成的新模式。推广深汕特别合作区经验，在西部建立“东部研发+西部制造”跨区域协作平台。推进“东数西算”工程在贵州、甘肃等数据中心扩大布局。

5.4.5　培育能够激发创新的城市创新环境

构建宽容失败的创新容错机制。建立“科研免责清单”，明确基础研究、颠覆性技术攻关项目的失败率考核上限，深圳已试点“科研项目风险分级备案制”。设立政府主导的“创新保险基金”，对创业企业首轮融资失败给予最高50% 本金补偿。营造敢为人先的城市创新文化氛围，设立“城市创新英雄奖”，深圳每年评选 10 位“草根发明家”，获奖者可获百万研发资助及人才公寓优先入住权。激活社会资本，发展“科技类社会组织”。设计激发灵感的创新场域，规划“科创生活圈”，改造工业遗产成为“创酵空间”，建设“垂直创新森林”，打造“山水实验室”，建设“星空观测站”，打造产生创意与创新的空间载体。

5.4.6　制定保障城市创新发展的制度路径

编制全国科技创新中心空间布局规划（2025—2035 年），在雄安、海南自由贸易港等新建城市试点“创新单元模块化”规划，每个单元集中布局“实验室+中试基地+产业园”。推动城市科技创新空间的土地要素改革。推动创新用地制度优化，采用混合用地、弹性供地等方式，允许同一地块兼容研发、中试、居住功能，推行“10+N”年弹性出让，企业按产业周期灵活调整用地规模。推出科创新税制，对天使投资实施新加坡模式的“亏损抵扣”模式。创新人才流动机制，试点“科学家签证”，发放科学家绿卡，外籍顶尖人才可直接获得永久居留权，薪酬汇出免征税。推广“旋转门”制度，高校教授保留编制入驻企业研发中心，提升成果收益分配比例。建立数据资源共享机制，推动共建“科创数据联盟”，企业支付成本价即可调用区域内所有实验装置。适配化动态评估体系，在创新型城市建设监测考核方面应采用动态调整的机制，特别是对专注特定领域（如海洋科技、航空航天）的城市设置差异化考核标准。

5.5　智慧城市：数字技术深度赋能

通过“数字底座重构城市系统、虚实交互重塑治理模式、数据要素激活经济动能”的三维变革，中国城市实现治理跃升、经济跃升、文明跃升，从“经验决策”到“数智决策”，提升应急响应效率。重点发展目标：2030 年实现 100% 地级市建成 CIM 平台；2035 年形成 100 个数字孪生城市；2050 年全面建成“人-机-物”深度融合的智慧社会。

5.5.1　统一城市数字底座，夯实城市“神经系统”

统一构建国家级 CIM 平台，打造城市大脑，实现“一图统管、一码通城”，实现“规建管”全流程数字化。布局新一代基础设施，包括全光网络与算力网，以及物联感知体系，部署亿级城市神经元。新建人工智能基础设施，加强国家级 AI 算力中心建设，构建城市超脑集群，开发专用大模型，支撑城市级 AI 决策，保障虚拟政务、数字孪生园区进入实操阶段。

5.5.2　创新虚实融合场景，重构城市运行模式

建设虚拟政务大厅，试点“元宇宙政务”，推动公共服务虚实融合，通过区块链存证技术保障数据主权。推动元宇宙在工业领域的应用，搭建“虚拟产线”，实现全流程数字孪生。发展数字消费新空间，打造元宇宙商场，推广虚拟试衣间、数字文旅、非同质化代币（NFT）业务等。建设灾害预警系统和交通智能体，推动城市治理多维协同，提升极端天气预报精度，实现地下管网 AI 巡检，推进“车路云一体化”建设。

5.5.3　推动数据要素市场化，激活城市新动能

推动数据确权登记和交易流通，开展数据资产化改革。建立公共数据开放清单，统一数据定价规则，试点数据跨境流动“白名单”。推进数据驱动精准招商，动态监测产业链缺口，实现“产业地图”AI 匹配企业需求与土地资源。创新数字金融发放首笔“数据知识产权质押贷款”，推广央行数字货币（DCEP）支付。

5.6　文化城市：激活历史基因

通过“基因解码-场景再造-科技赋能-产业振兴-制度创新”五维联动，推动中国城市实现文化价值转化（历史遗产从“保护负担”变为“发展资产”，文化产业成为经济增长新引擎）、空间品质跃升（从千城一面转向“一城一韵”，城市辨识度与软实力全球领先）、文明范式创新（探索出“古老文明现代化”的中国方案，为人类城市文明贡献东方智慧）。把握“保护不是终点，活化才是开始”的核心逻辑，让文化遗产在当代生活中持续焕发生命力。2035 年历史建筑活化利用率达 80%，打造 100 个国家级文化 IP；文化产业增加值占 GDP 的比例超过 8%。也需要注意防范过度商业化，注重技术伦理规范和社区利益共享。

5.6.1　实施城市文化基因解码与活化工程

通过建立城市“历史文化基因库”、实施城市文化景观的“数字克隆”、制定城市历史景观保护条例，对城市历史遗产进行系统性保护。对历史街区、传统技艺、方言习俗等建档立卡，建成基因库；利用 3D 激光扫描、区块链存证技术，推进文化遗产数字化永生。通过立法将文化保护纳入国土空间规划“负面清单”；通过城市文化 IP 化开发、年轻化表达和非遗传习所建设推动文化元素的创新转化。

5.6.2　创新城市文旅融合发展模式

发展沉浸式景区、数字孪生古城、文化主题旅游线路等时空穿越型体验项

目；通过夜间经济升级、文创综合体建设、节庆品牌化设计加强城市文旅消费新场景开发。

5.6.3 科技赋能城市文化创新

在城市文化创新中深度应用数字技术，如元宇宙文化空间、区块链确权交易、AI 内容生产等。谋划建设文化大数据中心、数字文博矩阵、智慧文旅平台等城市文化科技融合载体；有序提高游客停留时间，促进二次消费。

5.6.4 培育文化产业生态

培育影视产业带、数字内容基地、工艺美术之都等文化创新产业集群。开展知识产权证券化、文化银行专营、产业基金矩阵等多方式文化金融创新。积极推动数字文化出海、文化保税区建设以及国际文化节展等活动的开展，推动文化贸易升级。

5.6.5 体制机制突破与保障

统筹文化和旅游部、住房和城乡建设部、工业和信息化部等 12 个部门资源（参考法国文化部跨部门协作模式），成立“文化复兴委员会”，建立跨部门协同机制。创新历史街区土地开发政策，允许“文化用地混合开发”。工业遗产可“以文化抵地价”，推动“新工匠计划”发展。建立文化工艺传承人才引育体系。推动“文化科技跨界人才工程”发展。发放外籍文化人才“特别通行证”，参考北京对国际策展人、数字艺术家发放 5 年期工作许可。改革文化遗产城市政绩考核评价方法，将“文化 GDP”（文化产业增加值占 GDP 的比例）纳入党政考核，到 2035 年其达 10%。将历史街区保护纳入国土空间规划“负面清单”，设立城市文化传承专项基金。

第 6 章　未来体制机制改革与政策建议

在我国城镇化进程迈入以质量效益为主导的新阶段，体制机制创新已成为释放城市发展潜能的核心驱动力。本章聚焦未来城市体制机制改革与政策创新路径，围绕以人为本的城市高质量发展转型、建设韧性智慧的现代城市、城乡融合发展与土地政策优化、加快财税制度改革与可接续模式、促进城市社会治理体系完善、发展交叉前沿的 AI 城市科学等关键议题，系统提出具有前瞻性与可操作性的政策建议（图 6-1）。在此基础上，构建“城市科学”的交叉前沿研究体系，以城市系统复杂性为逻辑起点，推动多学科深度融合、研究范式转型与科学决策能力提升，为新阶段城市治理现代化和可持续发展提供坚实的知识基础与制度支撑。

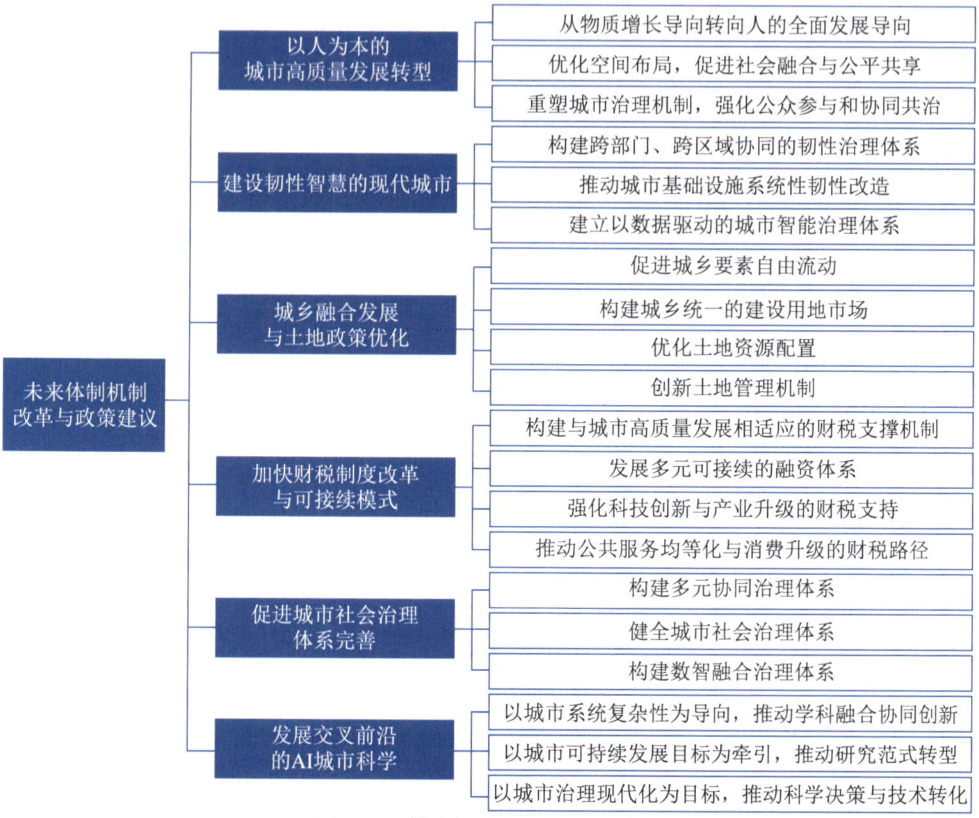

图 6-1　体制机制改革政策建议

6.1 以人为本的城市高质量发展转型

6.1.1 从物质增长导向转向人的全面发展导向

长期以来，城市建设更多地强调经济规模和物质设施扩张，忽视了人的精神需求、社会联系与主体性成长。未来城市发展应以增加居民幸福感、归属感和获得感为核心目标，建立一套涵盖教育、医疗、文化、就业、社会保障等多维度的人本评价体系，替代单一以 GDP、投资额等经济指标为主的考核方式，真正体现发展的质量和效益。

6.1.2 优化空间布局，促进社会融合与公平共享

城市空间结构与公共资源配置应从“效率优先”逻辑向“公平可及”逻辑转变，推动基本公共服务均等化。应改革土地出让和用地规划制度，优先保障教育、医疗、绿地、养老、文化设施的布局均衡，避免过度商业化开发导致的空间分化与社会隔离。同时，加强住房制度改革，完善保障性住房、共有产权住房、租赁住房体系，缓解低收入人群居住压力，避免城市空间隔离与促进社会融合。

6.1.3 重塑城市治理机制，强化公众参与和协同共治

传统城市治理模式以政府主导、单向管理为主，未来应向多元参与、协同治理转型。应通过立法与制度建设，赋予社区、社会组织、居民群体更大的参与权与决策权，建立“政府引导-社会协同-公众参与”的新型城市治理体系。同时，推动大数据、人工智能等技术赋能治理，提高城市响应居民需求的灵活性、精准性和包容性。

6.2 建设韧性智慧的现代城市

6.2.1 构建跨部门、跨区域协同的韧性治理体系

现有城市管理体制普遍存在部门条块分割、响应迟缓、统筹不足的问题。

未来应通过体制改革打破传统部门壁垒，建立统一高效的城市韧性管理机构，统筹灾害防控、公共安全、应急响应、基础设施韧性提升等事务。推动区域协同治理机制建设，特别是加强城市群内部在防灾减灾、能源保障、交通联动、生态修复等方面的统筹与协作，提高系统整体的抗冲击与快速恢复的能力。

6.2.2　推动城市基础设施系统性韧性改造

在基础设施领域，应以“系统韧性”理念引领规划与投资决策，优先推进水利、电力、交通、通信、排水、医疗等关键基础设施的韧性评估与加固升级。改革投融资机制，鼓励政府和社会资本合作投资韧性建设项目，同时建立基础设施全生命周期管理体系，强化维护更新的责任落实和资金保障。

6.2.3　建立以数据驱动的城市智能治理体系

数字化转型是提升城市智慧水平的关键。应深化政务数据、公共服务数据、城市运行数据的整合共享，打破“信息孤岛”，建设统一的城市数字底座和智能中枢平台。改革现有信息管理体制，明确数据产权、使用规范与安全责任，推动大数据、人工智能、物联网、区块链等新技术在城市规划、交通管理、环境监测、公共安全、社会服务等领域的深度应用，实现城市运行的实时监测、动态调度与智能决策。

6.3　城乡融合发展与土地政策优化

6.3.1　促进城乡要素自由流动

城乡融合发展是新时代城乡关系演变的重要方向。打破城乡二元结构，促进要素平等交换、双向流动，是实现高质量城镇化和乡村振兴的关键。当前，应通过优化土地政策，完善基础设施共建共享机制，推动公共服务均等化，加快构建城乡一体化发展的空间格局。

1. 优化要素配置，打破城乡二元结构

城乡要素流动受阻一直是城乡差距增大的根本原因。要通过深化户籍制度改革、推进公共服务均等化、放宽农村人口市民化条件，促进劳动力、资本、土地等生产要素在城乡之间自由流动，打破城乡分割格局，推动资源在更大范围内优化配置，从而为城乡融合发展提供坚实支撑。

2. 构建城乡一体化基础设施体系

基础设施是城乡融合的重要物质基础。要加快城乡交通一体化建设，完善城乡互联互通网络，推进水利、能源、信息等基础设施向农村地区延伸覆盖。通过一体化基础设施建设，缩小城乡公共服务差距，提升农村承载力和吸引力，形成城乡互促共进的发展格局。

3. 加强城乡产业协同发展

产业是支撑城乡融合的关键纽带。要推动城市资本、技术下乡，引导农村发展现代农业、乡村旅游、乡村制造业等多元产业，促进第一、第二、第三产业融合发展。同时，要反向推动农村资源要素向城市高端产业转化，打通城乡产业循环，提升整体经济活力。

4. 完善城乡利益联结机制

城乡融合不仅是要素流动和产业协同，更要通过机制创新实现利益共享。要探索建立城乡间利益联结机制，如土地增值收益分配、产业链利益共享、公共服务共建共治共享，保障农民在城乡融合进程中获得实实在在的收益，提高农民的获得感和积极性。

6.3.2　构建城乡统一的建设用地市场

消除城乡二元土地制度壁垒，推动建设用地在城乡间自由流动，对于促进城乡融合发展至关重要。建议从深化集体经营性建设用地入市改革、完善土地二级市场交易规则和建立城乡产业协同用地机制三方面入手，推动城乡土地市场的统一与协调发展。

1. 深化集体经营性建设用地入市改革

进一步扩大试点范围，允许农村集体经营性建设用地与国有土地“同等入市、同权同价”，为农村土地市场注入新的活力，使农村集体和农民能够分享城镇化带来的土地增值收益，同时为城市建设和产业发展提供更多的土地资源。需建立健全相关法律法规和监管机制，确保交易的公平、公正、公开，防止土地炒作和违法违规行为。同时，应注重保护农民的合法权益，通过合理的补偿机制和利益分配方式，让农民真正受益于土地制度改革。此外，试点探索宅基地使用权流转和退出机制也是完善集体经营性建设用地入市改革的重要内容。建议支持农户通过出租、入股等方式盘活闲置宅基地，允许农村宅基地使用权跨村流转。应加强对宅基地流转和退出的规范管理，明确流转范围、方式和程序，保障农民的居住权益，防止出现宅基地流转导致农民无房可住的情况。

2. 完善土地二级市场交易规则

土地二级市场是土地流转的重要平台，其交易规则的完善程度直接影响土地资源的配置效率。建议推动城乡统一的建设用地二级市场建设，规范使用权转让、出租、抵押等交易行为，增强市场流动性。建立健全土地二级市场的交易规则和监管体系，加强对交易主体、交易行为的监管，防止市场垄断、恶意炒作等不正当竞争行为。同时，可探索建立土地二级市场的信用评价机制，对交易主体的信用状况进行评估和公示，增强市场透明度，提高交易效率。另外，在完善交易规则的过程中，应通过优化税收政策、规范中介服务收费等方式降低交易成本，还应加强土地二级市场的信息化建设，建立统一的土地交易信息平台，实现土地交易信息的公开透明，为市场主体提供便捷的交易服务，进一步增强土地二级市场的流动性。

3. 建立城乡产业协同用地机制

为推动城乡土地市场的统一与协调发展，建立城乡产业协同用地机制是关键举措。应统筹城乡产业布局，打破行政区划和城乡界限，依据区域优势合理规划产业分布，促进城乡产业协同发展。鼓励农村集体建设用地通过入股、联营等方式参与产业项目建设，保障农村集体经济组织和农民在产业发展中的土地权益，分享产业增值收益。同时，建立城乡产业协同发展平台，整合城乡产业资源，推动城乡产业要素的自由流动和优化配置。此外，完善城乡产业协同用地政策，简化审批流程，提高用地效率，为城乡产业协同发展提供有力的政策支持和制度保障，助力城乡融合发展。在实践中，可在长三角生态绿色一体化发展示范区等区域试点跨镇域“飞地抱团”开发模式，由多个行政村联合组建土地合作社，集中连片开发产业园区，提升规模效益。

6.3.3 优化土地资源配置

土地资源是城乡融合发展的基础性载体，优化土地配置不仅关乎城市发展质量，还直接影响乡村振兴、人口流动和区域协调。建议从深化低效用地再开发机制、试点“标准地”出让模式、建立人口与用地指标挂钩机制以及强化耕地保护与生态红线约束四方面入手，构建适应城乡融合的土地要素流动与空间治理体系。

1. 深化低效用地再开发机制

在城乡空间统筹背景下，应构建“政府引导、市场运作、多元参与”的低效用地再开发机制，重点处理城镇规划区内利用率偏低的工业用地、闲置土地和村镇边缘低效用地。通过收储整合、功能置换、产权合作等方式推动集约利用与功能重塑。建议同步建立科学的土地价值评估体系与全生命周期监管机制，引导企业参与，保障原权利人合理权益，防止“二次低效”问题。同时，将再开发项目嵌入国土空间规划和产业转型体系，优先支持教育、保障性住房、乡村公共服务等融合性用地需求，增强城乡空间的连通性与功能互补性。

2. 试点“标准地”出让模式

“标准地”出让是优化土地资源要素配置的重要机制，应推动其从城市工业园区向城乡接合部与特色小镇延伸。通过明确产业准入门槛、环保与能耗约束等出让前置条件，引导优质项目精准落地，避免资源错配与低端重复建设。以济南等城市的“标准地”模式为例，可结合区域发展阶段和主导产业设置差异化标准，加强事中事后监管，确保项目按约建成并运营。同时，强化城乡政策协调，探索“乡村版标准地”机制，提高农村产业发展用地的规范性与效率。

3. 建立人口与用地指标挂钩机制

人口是城乡融合的核心变量，应推动“以人定地”的土地配置机制，精准匹配城乡发展需求。建议结合常住人口增长、公共服务承载力和城镇化目标，实施差异化新增建设用地管理。对于人口净流入、承载农业转移人口较多的地区，应适度增加用地供给，并在保障性住房、基础设施和产业园区上优先配置。相应地，对于人口流出地区，则严控新增用地规模，推动存量土地再开发。依托国土空间基础平台，建立人口-土地动态评估机制，通过财政奖惩、指标分配等手段强化地方政府节约集约用地的积极性，实现人地协调。

4. 强化耕地保护与生态红线约束

为切实强化耕地保护和生态红线约束，建议构建“刚性管控+弹性引导”的全链条保护机制。在耕地保护方面，建议健全“田长制”和永久基本农田管护机制，严格落实“占一补一、占优补优”原则，加强耕地质量等级考核。在生态红线方面，推动“三线一单”落地实施，建设遥感监测与大数据分析平台，实现生态管控实时预警和精准治理。为统筹发展与保护关系，还应设置弹性空间机制，如用地指标“周转池”“弹性留白”，保障城乡融合过程中的应急与战略项目用地需求。通过健全生态补偿制度与跨区域交易机制，形成“谁保护、谁受益”的正向激励，提升农村生态功能区的参与意愿和保护积极性。

6.3.4　创新土地管理机制

创新土地管理机制是推动城乡融合发展、促进土地资源优化配置的关键抓手。建议从试点“土地功能弹性年期制”和试点“绩效对赌”制度以及探索城市群内用地指标统筹调配机制三方面入手，探索更加灵活、高效的土地管理新模式，以适应经济社会发展的新需求。

1. 试点“土地功能弹性年期制”

为适应城乡产业融合和空间优化发展的需要，建议探索“土地功能弹性年期制”，以解决现行土地用途与年限刚性绑定的问题。具体包括：一方面，根据项目类型与区域功能，灵活设定土地有偿使用年限，推行“分期供地、分段付费”模式，鼓励农村产业发展、城市更新项目等采用阶段性供地机制；另一方面，建立土地用途弹性调整机制，在明确正负面清单的基础上，根据城乡功能演变和市场需求，允许农村集体经营性建设用地或低效城市工业用地合理转化为创新产业、公共服务或新型居住用地。通过制度创新提高土地使用的空间适应性与时间延展性，为城乡空间结构优化提供机制支撑。

2. 试点“绩效对赌”制度

在城乡融合背景下，土地不仅是建设资源，更是公共价值的承载体。应推广产业用地“绩效对赌”机制，将土地供应与用地主体的履约能力和公共贡献挂钩。出让合同中应明确亩[①]均投资、产出、税收与就业等指标，对绩效达标者给予容积率奖励、土地价款返还等激励；对于未达标者，依法回收土地或提高用地成本。通过引入“第三方评估+大数据监测”的机制，动态监测用地绩效，实现城乡建设用地配置的精细化与责任化，有效避免土地闲置与低效利用问题。

3. 探索城市群内用地指标统筹调配机制

为缓解城乡用地指标空间错配问题，应在京津冀、长三角、粤港澳大湾区等重点区域试点建设用地指标的“跨区域统筹+有偿调剂”机制。依托省级自然资源管理平台，推动发展压力大的城市向生态资源富集但开发强度较低的农村地区购买用地指标，并通过生态补偿和资金回流机制，将收益优先用于调出地区的乡村振兴、基础设施补短板与生态修复。这一机制不仅提升了建设用地指标的配置效率，还通过“以城带乡”的方式构建起资源从城市向乡村反哺的通道，促进区域与城乡之间的协调发展。

6.4　加快财税制度改革与可接续模式

6.4.1　构建与城市高质量发展相适应的财税支撑机制

在城市迈向高质量发展的新阶段，地方税体系改革亟须以“制度现代化”回应对“财力可持续”和“发展可接续”的双重要求。建议从构建现代财产税体系，培育地方财政的长期可接续税源；创设“城市更新税”，建立城市有机更新的财税闭环机制；推进“碳税”地方试点，构建绿色发展的财政约束与激励机制三方面入手，构建更加公平、可持续的地方税体系，助力经济转型升级与高质量发展。

---

① 1 亩≈666.67 平方米。

1. 构建现代财产税体系，培育地方财政的长期可接续税源

房地产税作为现代地方税体系的核心税种，对优化地方财政收入结构、促进房地产市场健康发展具有深远意义。建议在立法层面明确房地产税的法律地位，并进一步扩大试点范围，建立以市场评估为基础的房地产税制，替代土地出让收入依赖，形成稳定的地方税源。具体而言，试点地区的房地产税征税范围覆盖商品住宅、商业地产等存量房产，但对居民首套住房和农村宅基地实施免税政策，以保障居民基本居住需求。同时，应建立差异化税率机制，对多套住房、高端住宅及空置房产实行阶梯税率，抑制投机行为，引导资源合理配置。此外，需配套完善评估争议解决机制和税收减免政策，提高征管效率和社会接受度，为全面推广积累经验。

2. 创设“城市更新税”，建立城市有机更新的财税闭环机制

城市更新是盘活存量土地、改善人居环境的关键抓手，但资金短缺问题制约其可持续推进。建议试点“城市更新税”，针对由规划调整或基础设施改善带来的土地增值收益征收专项税，税收专项用于老旧小区改造、公共设施提升等更新项目，确保“取之于更新、用之于更新”。这种“受益者付费”的机制能够有效解决城市更新资金来源问题，同时有助于提高公众对城市更新项目的参与度和认同感。在试点过程中，应明确“城市更新税”的征收范围和税率，确保税收的公平性和透明性。例如，借鉴英国“规划得益”制度，通过合理的税收政策设计，确保土地增值收益能够反哺城市更新项目。同时，可探索“税收减免激励”政策，对提供保障性住房或公共空间的开发商给予优惠，激发市场参与积极性。试点初期可选择深圳、上海等更新需求迫切的城市，结合现有土地政策优化实施细则，为全国推广提供可复制的管理经验。

3. 推进“碳税”地方试点，构建绿色发展的财政约束与激励机制

碳税作为一种有效的经济手段，能够将碳排放成本内部化，推动城市产业升级和绿色低碳发展。建议在现有环保税的基础上扩大“碳税”试点，覆盖钢铁、水泥、化工等高耗能行业，依据实际碳排放量实行从量计税，税率由低到高分阶段调整，给予企业缓冲期。技术上，需整合现有碳排放监测体系，引入第三方核查机制，确保数据准确性。税收收入应专项用于绿色技术研发补贴、可再生能源基础设施建设和受影响群体就业转型，形成“污染者付费-社会受

益”的闭环。此外，可探索“碳税与碳交易协同”模式，对纳入全国碳市场的企业实施税收抵扣，避免重复调控，增强政策协调性。试点地区可优先选择京津冀、长三角等产业密集区域，配套推出减排奖励措施，形成“压力-动力”双向驱动，为全国碳定价机制完善提供实践支撑。

6.4.2 发展多元可接续的融资体系

在推进城市高质量发展的背景下，当前财税体系仍面临财政压力上升、地方债务约束趋严与传统投融资模式瓶颈并存的问题。为有效支撑城市更新与基础设施提质增效，建议从发行专项债券、设立专项基金、扩大金融工具试点范围等多方面入手，为城市高质量发展提供多元化的融资支持。

1. 发行“碳中和市政债”，构建绿色财税激励机制

为推动城市更新和基础设施建设的绿色转型，助力实现碳中和目标，建议试点发行专项用于城市更新和基础设施建设的“碳中和市政债”。该债券募集资金将专项用于老旧小区绿色改造、城市交通电气化、可再生能源设施建设等低碳减排项目，确保资金专款专用，精准支持城市低碳发展。在实施过程中，应明确债券的发行主体为地方政府或其授权的市政部门，以增强信用背书，降低融资成本。同时，要求第三方专业机构出具详细的评估认证报告，对项目的碳减排效益进行定量测算，并在存续期定期披露相关信息，确保资金使用的透明度和可追溯性。此外，可参考国际绿色债券标准，结合国内实际情况，制定统一的“碳中和市政债”发行指南，规范项目遴选、资金管理等流程。为鼓励市场参与，建议给予发行主体一定的政策支持，如税收优惠、财政补贴等，同时引导金融机构加大对绿色债券的投资力度，拓宽资金来源渠道。

2. 设立“城市安全特别国债”，推动中央与地方财政协同

建议设立专项化的“城市安全特别国债”融资机制，提高城市安全韧性。该国债应聚焦三大重点领域：一是城市防洪排涝系统，包括海绵城市建设、地下综合管廊、雨洪调蓄设施等；二是应急保障体系，涵盖应急指挥中心、救灾物资储备库、方舱医院等设施；三是基础设施安全加固，涉及危桥改造、燃气管道更新、抗震加固等工程。在发行设计方面，建议采取“中央统筹+地方申报”模式，由财政部统一发行，地方根据实际需求申报项目，通过竞争性评审

确定资金分配。在偿债机制方面，可创新设计“项目收益自平衡”模式，将防洪区土地增值收益、应急设施运营收入等纳入偿债资金来源，同时允许地方政府将部分专项债券额度转换为特别国债的配套资金。为提升资金使用效率，建议建立“规划—建设—运营”全周期管理机制，引入第三方绩效评估，并将评估结果与后续资金安排挂钩。试点阶段可选择郑州、武汉等灾害风险较高的城市先行先试，形成标准化操作指南后向全国推广。

3. 扩大REITs试点，推动资产运营财税规则协同创新

基础设施领域不动产投资信托基金（REITs）作为一种创新的金融工具，能够有效盘活存量资产，带动增量投资，为城市基础设施建设提供稳定的资金支持。为推动REITs从单一融资工具向城市高质量发展引擎升级，建议丰富REITs底层资产类型，将5G基站、数据中心、智慧停车场等新型基础设施纳入试点，并探索“绿色REITs”模式，优先支持光伏屋顶、储能电站等低碳资产证券化。同时，应加强运营管理能力建设，积极支持产业运营商、机构投资者及大型基金管理公司等多元主体合作组建专业化运营机构，对基金产品、底层项目运营和资产扩募等实行一体化运营管理，可进一步设立国家级REITs研究院，培养专业运营管理人才。此外，在发行机制方面，推行双轨制改革：对成熟领域实施注册制，建立“负面清单+信息披露”监管框架；对创新领域保留核准制，设立快速通道，缩短审核周期。在投资者结构方面，建议放宽保险资金、养老金投资限制，同时推出“REITs通”机制，引入境外专业投资者，进一步建立REITs指数投资基金，通过被动投资策略和低费用率提高二级市场流动性。

4. 设立城市更新专项基金，构建财政引导与市场协同机制

为推动城市更新项目的顺利实施，提升城市品质与功能，建议设立城市更新专项基金。该基金旨在为老旧小区改造、公共设施升级、历史文化街区保护等项目提供稳定的资金支持，确保城市更新工作的可持续推进。建议采用“财政引导+市场运作”模式，通过中央财政注资撬动地方政府、开发性金融机构和社会资本共同参与，形成多层次资金协同体系。在财税支持方面，应明确基金投资收益的税收减免政策，对参与企业实施改造项目土地增值税优惠，探索允许地方政府将部分土地出让金纳入基金资本金来源。专项基金的管理应引入市

场化团队，建立绩效考核制度，与城市更新专项规划密切衔接，确保资金精准投向具备经济和社会效益的优质项目。此外，通过标准化产品设计吸引保险资金、养老金等长期资本参与，为城市更新建设提供可持续的资金保障。

6.4.3　强化科技创新与产业升级的财税支持

在推动城市高质量发展的过程中，强化科技创新与产业升级的财税支持是提升城市核心竞争力、实现可持续发展的关键举措。为此，建议从强化创新导向的税收激励和支持数字化转型与绿色转型两方面入手，为科技创新和产业升级提供有力的政策支持。

1. 强化创新导向的税收激励

科技创新作为产业升级的核心驱动力，需要构建一套系统性、精准化且可持续的税收激励体系，以降低企业创新成本并激发市场活力。建议在现有政策的基础上进一步强化创新导向的税收支持，首先加大研发费用加计扣除力度，将人工智能、生物医药、新能源等重点行业的加计扣除比例统一提升至100%并长期固化，同时进一步扩大研发费用加计扣除政策的受益主体范围，将更多中小微企业、初创科技企业纳入其中，以激励更多企业加大研发投入；其次通过实施差异化税率引导创新资源集聚，将高新技术企业所得税率降至15%或更低，对半导体、工业软件等“卡脖子”领域企业实施5%或10%的优惠税率，并对科技型中小企业设立首三个盈利年度免税政策。在人才激励方面，应对科研人员股权激励实行递延纳税，科技成果转化奖励免征个税。同时，企业向基础研究领域的捐赠、科研单位或高校向企业赠予的研发设备等享受增值税减免优惠。此外，可借鉴国外“专利盒”制度，企业通过专利及其他知识产权形式获取的收入适用较低企业所得税税率或列入免税收入。

2. 支持数字化转型与绿色转型

数字化转型和绿色转型是未来经济发展的两大趋势，税收政策应与这两大方向同频共振，为产业升级提供有力支持。在数字化转型方面，建议深化增值税改革，建立与科技创新产业链供应链分工相适应的税制体系，激励科技创新企业开展外包服务、拓展分工，促进数字经济的扩大化。同时，应完善数字经济税收框架，探索对数字产品和服务的税收政策，避免对数字贸易重复征税。

在绿色转型方面，建议充分发挥各项税收政策的协同效应，建立现代化绿色税收体系，促进减污降碳提质增效。例如，对使用中产生污染的消费品征收消费税，对节能环保型生产技术和工艺流程给予税收优惠。此外，可探索碳排放权交易税收政策，对参与碳排放权交易的企业给予税收优惠。

6.4.4　推动公共服务均等化与消费升级的财税路径

在城市高质量发展的进程中，公共服务均等化与消费升级是实现社会公平与经济内循环的关键支柱。当前，我国城市面临中等收入群体可支配收入增长放缓、流动人口规模庞大但公共服务覆盖不足两大结构性矛盾，财税政策需通过精准调节收入分配和优化公共资源配置破解这些深层次矛盾。

1. 优化个人所得税与消费激励

个人所得税作为国家财政收入的重要来源之一，其政策调整对调节居民收入分配、促进消费升级具有重要意义。一方面，建议建立动态调整机制，将基本减除费用标准与居民消费价格指数（CPI）或人均可支配收入增长率挂钩，确保税制适应生活成本变化，持续减轻中低收入群体负担。同时，应优化调整税率结构，适当降低中低收入群体的适用税率，提高高收入群体的适用税率，增强税收的调节作用，促进社会公平。另一方面，建议进一步优化专项附加扣除项目，未来可考虑将租房支出、三孩抚养、跨地域赡养老人等成本纳入个税专项附加扣除范围，更加精准地满足居民的实际需求，减轻家庭养育和住房成本。此外，可借鉴国际经验，对绿色消费、文化娱乐等符合高质量发展导向的消费行为实施税收抵免，引导居民消费结构升级。例如，对新能源汽车、节能家电等消费给予个税抵扣优惠，形成“减税—增收—消费”良性循环。

2. 强化流动人口公共服务保障

公共服务均等化需突破户籍财政的路径依赖，建立“常住人口财政权责匹配机制”。建议中央财政设立动态调整的“流动人口公共服务转移支付池”，依据手机信令、社保缴纳等大数据实时测算各城市实际服务人口规模，按照“基准人均财政支出×流动人口系数”进行资金划转，其中，流动人口系数应综合考量年龄结构、就业年限等要素。此外，建议设立专项基金，将其用于补贴流入地保障性住房、随迁子女教育等支出，并通过税收优惠激励企业为流动人口缴纳社保。实践中可率先在长三角、粤港澳大湾区等人口高度流动的区域试点，通过财政资金流动带动公共服务资源的跨区域再平衡，针对流动人口集中居住的城中村、城乡接合部，可设立专项改造基金，将基础设施升级与公共服务延伸同步推进，避免形成新的城市二元结构。

6.5 促进城市社会治理体系完善

6.5.1 构建多元协同治理体系

现代城市治理的核心目标是从“管理城市”转向“服务市民”，使城市规划、建设与运营真正回归人的需求。因此，建议构建包含顶层设计、基层落地、公众参与和智慧运营四个维度的协同治理体系，形成政府主导、专业支撑、社会协同、科技赋能的治理新格局，让城市发展成果更多更公平地惠及全体市民。

1. 健全统筹机制，建立“总城市设计师+责任规划师”双轨制

提高城市治理体系整体性与协调性，应建立“总城市设计师+责任规划师”双轨制，在战略引领与基层落地之间形成良性互动。一方面，通过设立“总城市设计师”制度，统筹空间发展、重大项目、功能布局与政策衔接，强化跨部门、跨区域规划一体化，避免治理碎片化。赋予其重大项目的审查否决权与协调平台主导权，确保城市空间资源配置与社会公共利益一致。另一方面，在基层层面全面推行“责任规划师”机制，其作为政府规划部门与社区居民之间的桥梁，将其嵌入街道办、居民委员会的日常治理流程，协助社区公共空间优化、微更新与政策宣传，推动社区治理从项目导向向服务导向转型。同时，拓展“乡村规划师”体系，使城乡治理能力同步提高。

2. 推动多元主体参与的基层治理共建机制

城市社会治理不应是政府独奏，而应是政府、专业机构、社会组织、居民之间的协奏。要进一步打通公众参与机制，设立“市民规划师”制度，引导具备公共事务能力和志愿服务精神的居民参与社区规划讨论、意见反馈和项目监督，将群众经验转化为治理资源。同时，应探索建立“社区议事厅”“邻里共

治小组”等制度化载体，推进居民组织、物业公司、社会组织等多元力量的议题共识与资源整合。各类主体在社区微治理中形成稳定的合作分工，既能提高决策的精准性，又能增强社会韧性和凝聚力。

3. 建立“以人为本”城市运营模式，提高城市治理的温度、精度和智慧化程度

城市治理的核心在于回归人的需求本质，通过提高服务温度、管理精度和智慧化程度，构建真正以市民为中心的城市治理体系。在提高服务温度方面，要建立覆盖全生命周期的公共服务体系，为老年人配备智能监护设备，完善社区托育设施，打造 24 小时便民服务网络，并通过无障碍环境建设保障特殊群体权益。在提高管理精度方面，应依托物联网和 AI 技术建立动态调控机制，实时监测人流量、设施使用率等数据，优化公交调度、医疗资源配置等公共服务，同时建立重大项目后评估制度以确保惠民实效。在提高智慧化程度方面，既要推进“城市大脑”建设，整合各类政务数据，打造一站式服务平台，又要防范技术滥用，保留线下服务渠道，保障数字弱势群体权益。例如，借鉴杭州市的相关实践经验，既通过城市大脑实现城市精准治理，又通过“数字鸿沟”跨越行动帮助数字弱势群体享受智能化服务带来的便利，有助于提高城市治理的效率和服务包容性。

6.5.2　健全城市社会治理体系

当前我国城市发展正面临传统与非传统安全风险交织叠加的复杂局面，城市社会治理正面临空间扩张与功能复合化叠加、传统风险与新兴挑战交织的复杂局面。要实现城市社会治理体系的现代化，需构建协同高效、科技赋能、风险可控的治理机制，提高城市整体运行的秩序性、包容性与韧性。

1. 强化统筹协调，构建多层级、多部门协同治理机制

当前城市治理仍存在职责交叉、响应分散等问题，亟须提高治理体系的系统化水平。建议设立国家城市治理协调机构或常设委员会，统筹政策制定、资源配置与制度设计，在国家、省域、城市三级构建明确的职责体系和联动机制。重点在城市群区域内，如长三角、京津冀、成渝地区，探索建立区域治理共同体，推进信息共享、执法协同和应急联动。在地方层面，完善“市-区-街

道-社区”四级响应体系，强化基层网格治理队伍建设，实现治理资源快速下沉与精细配置，提高城市对突发社会事件、公共卫生事件、极端天气等风险的整体应对能力。

2. 推进数字治理能力建设，提升社会治理智能化水平

数字技术是推动城市治理现代化的关键支撑。应以“城市大脑”为核心，加快构建统一的城市治理数据平台，整合公安、住房和城乡建设、交通、卫生健康、民政等多领域数据资源，打通“信息孤岛”，实现动态数据实时共享。推动部署城市运行监测与风险感知系统，引入 AI 算法和数字孪生技术，对城市运行状态、基础设施健康度、人口流动模式等关键指标进行全天候智能监控，辅助社会风险识别与处置。加强政务数字化与公众参与平台建设，拓展 12345 政务热线、“随手拍”等群众反馈渠道，提高社会治理的回应性与透明度。

3. 构建韧性城市框架，提升社会系统的适应性与恢复力

城市治理现代化不仅在于效率，更在于系统的韧性。应推动构建城市韧性治理框架，将预警预防、应急响应、恢复重建纳入统一机制。可依托住房和城乡建设部设立城市治理与风险诊断实验室，推动构建城市基础设施“健康档案”，应用物联网、无人机、卫星遥感等技术，实现设施风险的早发现、早干预。完善公共安全事件应急预案体系，建立城市应急联动平台，通过跨部门调度机制，提高指令传达、人员调配和资源调用效率，尤其在公共卫生、气候灾害、重大事故等领域实现“平战结合”的动态治理能力。

6.5.3　构建数智融合治理体系

构建数智融合的城市治理体系，已成为提升城市治理现代化水平的关键路径。这一体系需要着力破解数据权属不清、流通不畅、应用不深等突出问题，通过制度创新与技术赋能双轮驱动实现数据要素的高效配置和智能技术的规范应用，为城市治理提供精准化、智能化支撑。建议从数据治理规则、要素流通体系、数字孪生平台、算法审查机制四个维度协同推进，构建安全可控、高效协同的数智治理新格局。

1. 制定城市数据主权规则，明确数据采集、使用与共享的边界与责任

推动城市数智治理，关键在于构建清晰有序的数据主权规则体系。应健全城市数据确权登记制度，推动建立统一的数据资产登记平台，对不同类型数据实行分类登记、权属确认与责任认定，实现数据资产化管理，在此基础上构建城市级数据目录体系，推进政务数据与社会数据双向开放，提高数据可检索、可调用、可追踪能力，对于涉及城市运行安全与市民敏感信息的核心数据，应实施分级分类保护制度，明确访问权限、使用场景与责任追溯路径。此外，强化制度执行保障，设立专门的数据治理机构，统筹隐私审查、安全监管等事项。建立数据主权责任制和全过程留痕机制，实现从采集、调用到共享的行为可记录、责任可追溯，并构建技术与制度协同的监管体系，为数据治理提供可执行、可持续的保障支撑。

2. 构建数据要素流通体系，推动数据在规范框架下的开放共享与价值转化

推动城市治理能力现代化，必须打破数据孤岛与部门壁垒，围绕政府、企业、公众三类主体的多元数据需求，健全数据采集、加工、开放、流通的全流程管理体系，确保数据在授权合规的前提下实现高效配置与价值创造。建议推动公共数据有序开放，采用分层分域授权模式，在确保安全和隐私的前提下释放政务数据红利，逐步面向不同领域，鼓励建设行业级数据交易平台，形成以“可用”为导向的数据要素市场；针对跨境数据流动问题，制定数据分类管理制度，对涉及国家安全、公共利益的核心数据实施重点监管，建立安全可控的技术审查与通关机制。在关键技术方面，推动隐私计算、同态加密等技术在敏感数据领域落地，尤其在医疗、交通、城市管理等高敏感度领域，实现数据“可用不可见”，通过制度创新与技术赋能并举，构建可信可控的数据流通体系。

3. 建设城市数字孪生平台，强化城市运行的感知与模拟能力

提高城市治理精细化水平，要以实时映射、动态协同为目标，依托物联网、地理信息系统、建筑信息模型等新一代信息技术，构建分层次的城市数字孪生体系。在基础建设方面，要优先在桥梁、综合管廊等城市生命线工程部署智能传感设备，建立多维感知网络，实现数据实时采集与动态更新，同步推进城市数据模型标准化，构建包含“人、车、物、环境”等要素的数字化表达体系，形成多尺度动态模型，支撑城市全景可视与事件溯源分析。在感知层面，

通过数据融合与智能算法，构建城市运行仿真系统，实时监控城市运行状态，进行趋势分析与应急演练，提高城市面对复杂情况时的预测性管理和响应能力。在实践层面，建议借鉴苏州市 2023 年落地的城市信息模型平台，深度融合数字孪生与城市管理系统，形成智能决策闭环。

4. 构建 AI 算法审查与评估机制，保障城市智能治理的公平性、透明性与责任可追溯性

美国《2022 年算法责任法案》揭示了自动化决策系统存在的算法歧视、责任模糊等治理风险，为城市智能治理体系建设提供了启示。随着 AI 算法规模化应用盛行，亟须建立全周期治理机制，解决算法黑箱、数据偏差等难题，保障智能治理系统的公平性与可控性。在机制构建方面，建立跨领域治理联盟，整合技术专家、法律顾问、伦理委员会等，实施三级管控体系：事前建立算法分级备案制度，对涉及公共服务、信用评估、公共安全等高敏感场景算法实施强制性伦理审查与偏见测试；事中部署动态监测平台，利用可解释 AI 技术实时审计算法决策，建立预警与熔断机制；事后完善责任追溯链条，要求研发方留存关键参数，确保决策逻辑可回溯、可验证。在实施路径上，定期披露模型特征及决策置信度；制定城市级算法治理技术规范，明确数据采集、特征工程、模型迭代等环节的合规要求；打通政府部门、技术企业、第三方检测机构的数据接口，构建跨平台算法监管沙箱。

6.6 发展交叉前沿的 AI 城市科学

6.6.1 以城市系统复杂性为导向，推动学科融合协同创新

1. 强化“城市作为系统”的科学认知框架

城市的本质是一种高度复杂的动态系统，它涵盖了人口流动、资源配置、空间组织、社会行为、生态循环等多个层面，并通过各种显性与隐性机制相互作用，构成自组织、自调节、自适应的演化网络。因此，传统以部门或单一学科为单位进行城市研究已无法有效应对当前城市所面临的耦合性、多尺度性与非线性特征。需要引入系统科学、复杂性科学、控制理论等学科工具，建立统

一的理论框架与系统建模方法，实现对城市“整体-局部”“结构-功能”“短期-长期”的多维度理解与预测，推动城市系统管理科学化。

2. 构建跨学科交叉研究平台与数据协同机制

当前城市科学发展的瓶颈之一是数据孤岛与研究割裂，其阻碍了协同创新与政策反馈。应以问题导向为纽带，构建高水平的城市交叉研究平台，如“城市科学联合实验室”或“跨学科集成研究中心”，实现地理学、信息科学、环境科学、建筑规划、公共管理、人工智能等领域的深度融合。同时，应推动多源城市数据（如遥感、物联网、移动信令、公共服务记录等）的标准化整合，开发城市知识图谱与情景数据库，为建模模拟、智能预测和政策评估提供扎实支撑。

6.6.2　以城市可持续发展目标为牵引，推动研究范式转型

1. 聚焦“碳达峰碳中和”与城市韧性目标的研究集成

当前城市可持续发展面临两个紧迫挑战：一是实现绿色低碳转型，二是增强城市对极端风险（如气候变化、流行病、能源冲击等）的适应与应对能力。应打破以“污染末端治理”为主的研究模式，转向全流程碳管理和韧性治理的交叉创新。例如，结合能源系统工程、环境建模与城市规划，发展多层次、多情景的碳排放估算与调控模型，构建涵盖建筑、交通、产业和居民行为的碳中和路径图。同时，应推动城市生态基础设施与数字基础设施融合布局，通过模拟退火优化、元胞自动机与机器学习等方法预测不同发展模式下城市的风险暴露、响应速度与恢复能力，为构建绿色韧性城市提供理论支撑。

2. 强调“人-城-环境”耦合机制的综合评估与干预

以人为核心的城市发展不仅强调基础设施的完善，还要求深入理解城市空间环境对人的行为、健康、社会关系的深层次影响。应结合行为地理学、城市流动性研究、环境心理学与公共健康科学，从微观视角出发，分析居住密度、绿地分布、交通结构等城市要素如何通过复杂机制影响居民幸福感、社会融合与健康状况。借助空间回归模型、社会传感技术与移动大数据等手段，可构建以“人-环境交互”为核心的综合评估框架，探索不同人群在城市空间中的机会公平、风险暴露与资源可达性差异，并据此提出更加精准、具有人文关怀的城

市干预策略。

6.6.3 以城市治理现代化为目标，推动科学决策与技术转化

1. 推进基于人工智能的城市管理智能化研究

智慧城市是城市治理现代化的重要抓手。应以城市数字基础设施为载体，推动感知、分析、决策、反馈等环节的一体化、智能化。通过物联网、5G、边缘计算与人工智能模型的集成应用，可实时掌握交通流、能耗水平、环境指标、人口密度等关键变量，开发“城市运行体征图谱”。同时，借助强化学习与仿真优化算法，探索城市治理政策在不同条件下的动态响应效果，实现“可预测、可调节、可检验”的科学治理闭环。这不仅能够提高城市管理效率，还有助于缓解公共资源供需矛盾，提高城市服务的公平性与精细化。

2. 构建科学-政策-社会的多元协同研究机制

高质量的城市科学研究最终要服务于政策决策与社会实践。当前城市治理存在科学研究与政策制定脱节的问题，需建立“学术-政府-公众”三方互动机制，推动城市科学知识向制度与社会转化。具体可通过“城市问题开放议题征集”“政策实验区建设”“市民参与式规划”等方式，将科研人员、地方政府与社区居民纳入同一问题解决场域，实现研究成果、政策建议与社会意愿之间的协调统一。

第 7 章　中国城市创新专题研究

7.1　党的十八大以来中国城市创新取得的成就与存在的问题

7.1.1　取得的成就

1. 城市创新能级实现历史性跨越

中国城市创新能级呈现历史性跃升，核心城市跻身全球创新策源地，形成了“头部引领、多点突破、量质齐升”的发展格局。创新投入端，2023 年全国共投入研究与试验发展（R&D）经费 1 250 000 亿元，比 2022 年增长 8.4%；R&D 经费投入强度为 2.65%，其中深圳（5.5%）、北京（6.8%）等领军城市的研发强度已超越 OECD 国家均值，达到全球科技创新中心城市水平。创新产出呈现量质齐升态势，全国发明专利申请量从 2012 年的 47.39 万件增长到 2021 年的 146.90 万件，年均增长率达 13.4%（图 7-1）；《专利合作条约》（PCT）国际专利申请量前十大城市贡献全球总量的 21.3%，深圳以连续 19 年领跑全国的姿态彰显强劲创新动力；高新技术企业突破 45 万家，较 2012 年增长 7.2 倍，67.3% 集聚于副省级以上城市，创新要素虹吸效应显著。世界坐标中的能级跃升尤为突出，《中国城市科技创新发展报告（2024）》显示，北京、深圳、上海稳居全球科创城市前十强，苏州、杭州的研发强度突破 4% 大关，合肥依托国家科学中心跃升科创 20 强，多层级创新梯队已具雏形。与此同时，企业创新主体实现“双突破”：北京中关村、上海张江、深圳南山三大科技园集聚全国 35% 独角兽企业，2024 年发明专利授权量同比激增 22.3%，创新生态持续优化；技术攻坚取得“三跨越”，深圳掌控全球无人机市场 70% 份额，杭州深度求索（DeepSeek）大模型技术达国际领先水平，武汉智能网联汽车产业链带动 3000 家上下游企业协同创新。这些标志着中国在战略性新兴领域已具备系统突破能力，中国城市创新能级逐步进入全球领跑梯队。

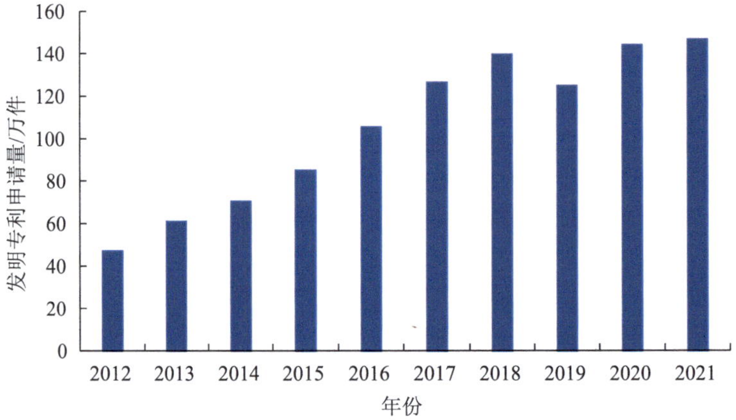

图 7-1　2012～2021 年中国发明专利申请量

2. 城市间协同创新水平系统提升

中国城市协同创新迈入体系化建设新阶段，区域创新网络向纵深发展，逐渐构建起“核心城市引领-节点城市支撑-特色城市补充”的创新网络体系，跨区域资源要素流动与产业协作水平显著提高（图 7-2）。从中国城市创新合作网络演化整体来看，2010～2019 年中国城市对外专利合作量和城市间专利合作量均显著增加，城市创新合作网络由稀疏逐渐变得稠密，京津冀、长三角和珠三角地区在全国城市创新合作网络中占据稳固的主导地位，成都和武汉与上述三个创新高值区之间的强联系也逐步构建起来，分别成为中西部地区创新集聚发展的区域极核（胡夏青和马海涛，2025）。具体来看，长三角依托“研发在上海、转化在苏浙、服务在皖”的梯度布局，技术合同成交额年均增长超过 15%，2024 年科创 20 强城市占据 8 席，展现出全球最大城市群的创新聚合效应；粤港澳大湾区借力广深港澳科创走廊，推动珠三角研发投入强度达 3.2%、高新技术企业数量占全国高新技术企业数量的 18.5%，构建起“基础研究+技术攻关+成果转化”的跨境协同范式，为国际科创合作提供新样本。与此同时，成渝地区双城经济圈通过共建西部科学城、长江中游城市群创新“飞地经济”模式，实现技术转移效率提高 30% 以上，形成区域协同创新的多点突破态势。这反映出中国城市正加速从“单体创新”向“系统协同”跨越，为中国深度参与全球科技竞争奠定了体系化支撑力量。

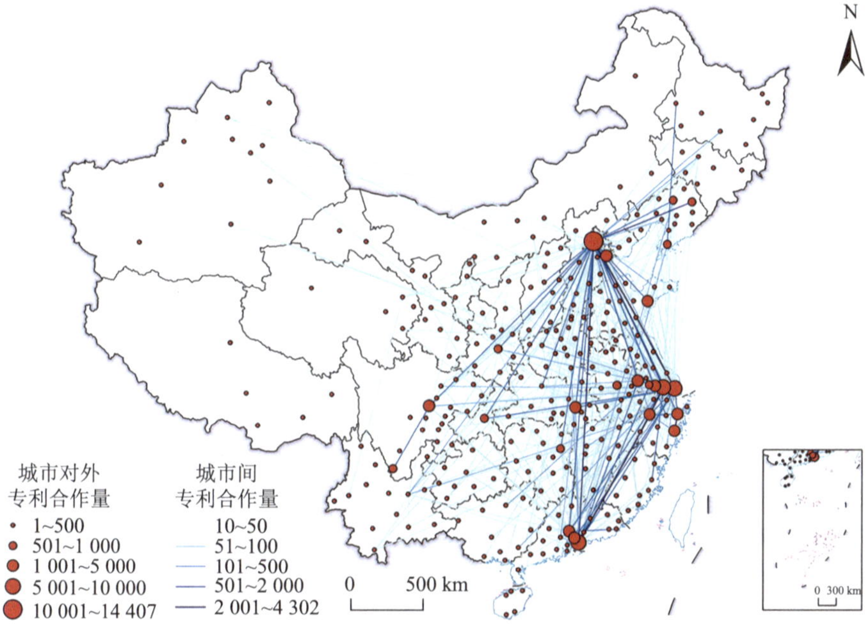

(a) 2010年

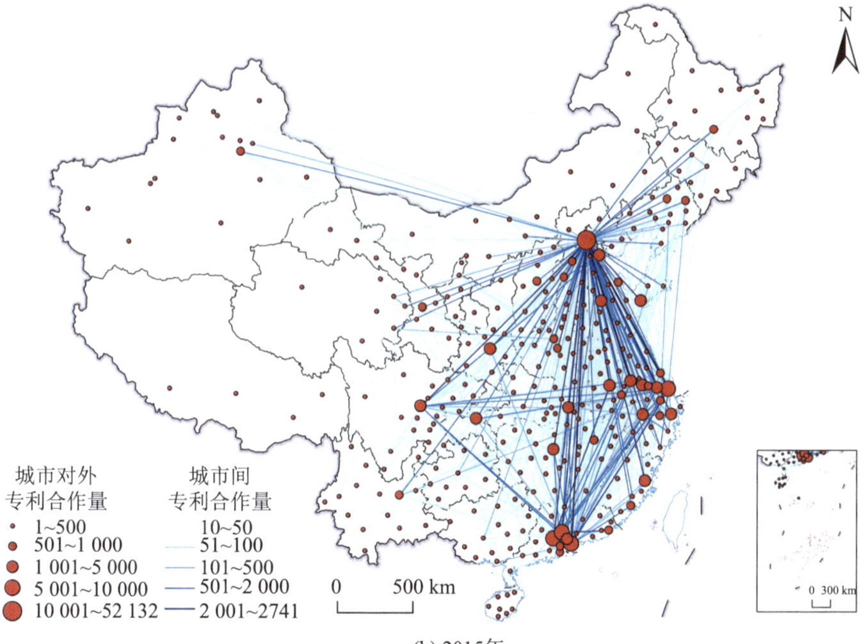

(b) 2015年

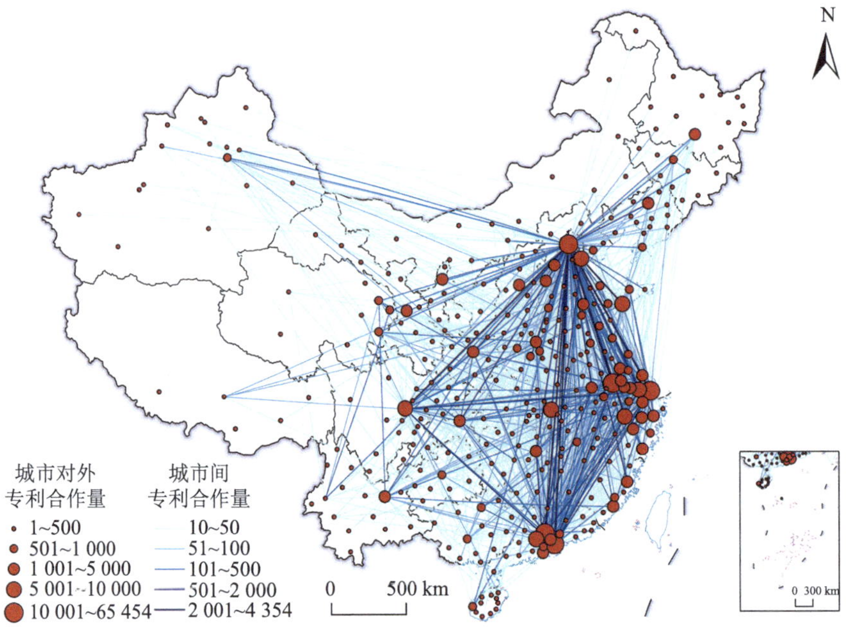

(c) 2019年

图 7-2　2010 年、2015 年和 2019 年中国城市创新合作网络

3. 开放包容的城市创新生态更趋成熟

我国创新环境持续优化，“企业主导、多元参与、市场驱动、开放包容”的现代化创新生态体系加速成型。企业创新活力持续释放，2023 年全国企业研发投入占比达 77.7%，国家高新技术企业、专精特新“小巨人”企业发明专利产业化率分别为 56.1%、65.3%，分别比我国企业平均水平高 8 个百分点、17.2 个百分点，充分说明企业的技术转化能力和其在培育新产业中发挥的关键作用（郑永年和徐兰朦，2024）。资本赋能体系呈现多层次特征，科创板四年培育 500 家“硬科技”企业（总市值 6 万亿元），创投基金募资规模突破 8900 亿元，国家科技成果转化基金撬动社会资本 1400 亿元，形成覆盖“初创—成长—成熟”全周期的资本支撑链。要素配置实现双向开放突破，2024 年全国技术合同成交额达到 6.8 万亿元，同比增长 11.2%，连续 8 年保持两位数增长，提前完成《“十四五”技术要素市场专项规划》确定的 5 万亿元目标。在生态优化方面，深圳坂雪岗、成都天府软件园等园区建成“15 分钟创新生活圈”，长三角 41 个城市实现医保异地结算，人才公寓供给年均增长 25%。我国创新生态体系正加速实现从“政策驱动”向“市场驱动”的范式跃迁，这种以市场化机制为核心、以资本为纽带、以开放为特征的生态进化不仅加速了创新要素的全球化

流动，更培育出接轨国际的创新治理范式，为全球城市创新生态建设提供了“中国式现代化”实践样本。

4. 城市创新平台建设取得突破性进展

中国城市创新平台建设已从规模扩张转向能级跃升，走出了一条具有中国特色的高新技术产业化道路，成为中国重要创新策源地、体制机制改革试验田、高成长企业和高端产业集聚的重要载体，为中国高质量发展做出了重要贡献。截至 2023 年 11 月，国家高新技术产业开发区总数达 178 家，建设了 23 家国家自主创新示范区，支撑建设了 38 个国家先进制造业集群，集聚了 1/3 的高新技术企业、2/3 的科创板上市企业，成为保障产业链供应链安全的重要基石。重大设施集群效应显著，国家重点实验室、大科学装置形成矩阵优势，深圳鹏城实验室突破 E 级超算技术，苏州姑苏实验室攻克纳米微球“卡脖子”难题，硬科技攻坚能力比肩国际顶级科研机构。双创载体实现量质双跨越，2024 年全国众创空间达 8500 家、孵化器在孵企业超 50 万家，深圳南山区累计国内有效发明专利达 14.59 万件，每万人发明专利拥有量超 800 件，杭州未来科技城培育上市企业 42 家，形成创新密度全球领先的孵化生态。平台辐射网络加速扩展，长三角 G60 科创走廊联动 9 个城市建立 56 个产业联盟，京津冀共建地理信息数据库，跨域要素共享效率进一步提高。随着创新平台网络化、智能化、国际化水平持续提高，中国正加速从“创新追赶”向“创新引领”的战略转型，为世界科技强国建设注入强劲动能。

7.1.2　存在的问题

1. 原始创新能力不足制约高质量发展

中国城市原始创新能力与国际先进水平仍存在明显差距，基础研究薄弱、关键核心技术受制于人的局面尚未根本扭转。数据显示，2023 年全国基础研究经费占研发总投入的比例仅为 6.77%，显著低于美国（17.2%）、日本（12.6%）等创新型国家，数学、物理等基础学科顶尖科学家数量还较少，导致人工智能算法框架、新型材料机理等底层技术突破乏力。从创新成果看，2022 年全球 PCT 专利申请量前十强城市中，中国仅有深圳、北京两城入围，且在量子计算、高端芯片等领域的核心专利占比不高。产业链安全风险加剧，美国商务部实体清单限制的 147 家中国机构中，82% 涉及原始创新短板领域，高端芯片、工业软件等关键领域对外依存度超过 80%，光刻机、高端轴承等核心技术仍受制于人。在国际竞争格局中，《2023 年欧盟工业研发投资记分牌》显示，中国企业在全球前 2500 家研发企业中的研发投资额占比为 17.8%，而美国以 33.08% 的上榜企业占比拿到了高达 42.1% 的研发投资额占比，原始创新差距正加速演变为发展代差。原始创新能力不足成为科技强国建设的核心短板。

2. 区域分化加剧“创新孤岛”现象

创新要素空间分布失衡导致区域创新鸿沟扩大，加剧了区域发展的“马太效应”。中国科技创新中心发展东西失衡严重，在科技创新领域的城际连通性和相互作用强度上均呈现出显著的东西差异，东部地区的科技创新联系水平大大高于西部地区（马海涛和胡夏青，2022）。当前我国创新要素呈现空间配置一定程度的失衡态势，东部地区通过虹吸效应等持续集聚全国 80% 的高端创新资源，京津冀、长三角、粤港澳大湾区三大核心区以占全国 62% 的研发投入形成创新极核，而中西部地区不仅研发强度低，更面临着高端人才高净流出率和研发人员高流失率的双重困境，形成持续性“创新塌陷带”。这种分化态势在创新载体布局上体现得尤为显著，北京、上海、深圳三城独揽众多国家重点实验室和“双一流”高校，沿海地区集中了 75% 的国家级高新区和重点实验室，中西部地区万人发明专利拥有量明显低于东部地区。更深层次的矛盾在于创新层级结构的深度固化，科技创新指数排名前 50 城市的 72% 集中于苏浙粤鲁赣五省，东北地区甚至无城市进入前 30 强，中小城市普遍陷入“低端锁定”的发展困境。这种数量级分化的创新格局不仅加剧了区域发展的“马太效应”，更造成创新生态的系统性断层，既削弱了区域间创新协同的纽带作用，又影响着全国统一大市场的构建进程。

3. 科研与产业需求衔接度有待提升

我国科技创新体系在产学研协同方面取得显著进展的同时，仍需进一步完善成果转化机制以提升创新效能。当前科研与产业需求的衔接度仍有提升空间，数据显示，2022 年我国有效发明专利产业化率为 36.7%，其中，企业发明专利产业化率为 48.1%，高校发明专利产业化率为 3.9%，科研单位发明专利产业化率为 13.3%，发明专利产业化率较国际先进水平仍存在差距，凸显出科研供给与市场需求错配。创新链条的中试环节建设取得阶段性成果，但仍存在一些断点，按照欧美经验，中试投入为研发阶段投入的 10～100 倍，但地方政府难以持续为中试基地提供系统性支持，同时中试人才队伍匮乏，培养培训体系不够完善，加剧成果转化阻滞问题。科研机构与市场主体价值导向差异导致需求匹配度不足，本土企业承接高校科技成果转化的意愿和能力较弱。这种“实验室-市场”的衔接不畅导致重点领域创新效能出现损失，一定程度上制约我国产业竞争力提高和高质量发展进程。

4. 协同创新机制系统性短板亟待补齐

当前区域协同创新网络建设已形成基本框架，但还缺少对重大科技创新平台布局的统筹考虑，内陆地区缺少区域性科技创新平台的引领和整合，成为提升国家创新能力的关键制约因素（马海涛和陶晓丽，2022）。数据显示，2023 年全国技术合同成交额排名前十的省市技术合同成交额约为 4 万亿元，约占 2023 年全国总金额的 2/3，体现了技术合同成交额较大的地区差异性；在新兴产业布局方面，量子计算、人工智能等领域呈现多点布局态势，但在统筹规划方面需进一步提升资源集约化水平，避免重复建设造成的投入分散、重点领域研发资金使用效率下降。区域协作实践中，科技创新开放合作力量的统筹布局和资源的有机衔接仍有欠缺，各类平台催化科技创新开放合作工作的作用尚未凸显，促进自主创新与开放创新紧密结合的效能有待提升（迟婧茹等，2024）。面对高质量发展要求，在巩固现有协作成果的基础上，通过建立动态协调机制、完善创新生态补偿体系推动形成效能倍增的区域创新格局。

7.2　中国城市创新发展面临的机遇与挑战

7.2.1　机遇窗口

1. 全球价值链深度重构催生开放创新机遇

全球价值链深度重构正为中国城市嵌入国际创新网络、提升能级提供战略契机。当前，全球供应链加速向区域化、数字化方向调整，中国凭借数字经济先发优势、超大规模市场及“一带一路”国际合作平台，正在成为全球价值链重构的关键枢纽。国际贸易规则重塑，推动技术要素跨境流动，2023 年中国高新技术产品出口额达 6.54 万亿元，占全球高新技术产品出口额的比例提高至 29.5%，通过共建“一带一路”科技合作区、《区域全面经济伙伴关系协定》（RCEP）技术转移中心等平台，新增 32 个国际联合实验室。在此过程中，区域价值链合作深化推动城市创新要素跨境流动，如中欧班列“数字丝绸之路”专列开通后，成都、西安等内陆城市通过技术标准输出参与全球技术分工，2024 年全国技术合同登记额达 6.8 万亿元，同比增长 11.2%。与此同时，数字技术驱动的全球价值链升级为城市突破传统分工壁垒提供可能，杭州、深圳等城市通过人工智能、区块链技术主导国际标准制定，半导体、新能源领域中外联合专利数量大幅增加，北京、上海、深圳等核心城市依托国际创新枢纽地位，集聚特斯拉全球研发中心、阿斯利康国际生命科学创新园等 412 家外资研发机构，外资研发经费投入占比不断提高。这一进程中，城市可借力国际大科学计划深化技术合作，构建“技术-产业-规则”三位一体的全球创新支点。这种重构格局不仅体现在物理层面的物流联通，更通过数字基建和技术协同，为城市实现“弯道超车”创造历史性窗口。

2. 技术革命与新基建红利释放叠加赋能

技术革命与新基建红利释放的叠加效应正为中国城市突破发展瓶颈、重塑竞争优势注入强劲动能（张维阳等，2025）。截至 2023 年底，全国建成 5G 基站 337.7 万个，算力总规模位居全球第二，工业互联网平台连接设备超过 9600 万台/套，以 5G、人工智能、工业互联网为代表的新基建规模化部署推动城市治理、产业、民生等领域实现全链条智能化跃迁。例如，北京海淀区依托“数算一体”产业链构建数字母体，整合国家数字经济创新发展试验区的数据要素市场化试点成果，推动数据交易规模突破 2200 亿元；合肥以量子通信“墨子号”卫星实现洲际密钥分发，并在聚变能源等前沿领域布局以抢占未来赛道。新基建与实体经济深度融合催生新业态，雄安新区、粤港澳大湾区启动全域数字孪生城市建设，使城市治理响应速度明显提高，智慧城市大脑通过精准调配公共资源优化城市运行，智能网联汽车与交通系统协同将进一步提升出行效率。在此过程中，技术红利与制度创新形成共振，国家数字经济创新发展试验区推动 15 个城市开展数据要素市场化改革，2021～2025 年新基建投资预计带动物联网、智慧能源等产业规模超过 3 万亿元。与此同时，新基建通过构建

"硬设施+软平台"协同体系，在 5G 网络支撑下催生 8K 高清、远程医疗等新业态，人工智能开放平台已在自动驾驶、医疗读片等领域形成生态化发展格局。这一进程中，技术红利与制度创新共振，为城市开辟"技术驱动—场景迭代—生态重构"的创新发展路径。

3. 新型城镇化与新质生产力激发多样创新需求

新型城镇化战略的纵深推进和新质生产力的快速发展为城市创新提供多层次、差异化的需求牵引与发展空间。当前，中国城镇化率突破 67%，城市群、都市圈成为承载人口与创新要素的核心载体，催生智慧城市、韧性城市、绿色城市等新形态。一方面，超大城市通过"城市更新+数字孪生"优化空间效能，例如上海建设全球首个数字经济标杆城市，北京以"三城一区"打造科创主平台；另一方面，中小城市依托特色产业与资源禀赋探索差异化路径，例如苏州以"研发在园区、制造在县域"的梯度布局培育先进制造集群，成都通过开放城市机会清单激活场景创新。而新型城镇化对高质量公共服务、低碳宜居环境的需求也倒逼城市在医疗、教育、能源等领域加速技术融合与模式创新。此外，新质生产力重构了城市发展模式，推动传统产业升级与新兴产业布局双向突破。例如，咸阳高新区依托 AI 技术构建智慧管理系统，提高城市治理效率；杭州图灵小镇通过建设人工智能生成内容（AIGC）算力中心，打造千亿级人工智能产业集群，印证了技术革命对城市创新能级的重要作用。

4. "双碳"目标与可持续发展导向重塑增长范式

我国"双碳"目标的系统性推进正在加速形成绿色创新与城市可持续发展深度耦合的新型增长范式，不断推动创新资源向绿色低碳领域集聚。一方面，能源结构转型催生技术突破机遇，如东莞散裂中子源助力新能源材料研发，长三角 G60 科创走廊聚焦光伏、氢能等产业技术攻关，标志着绿色技术创新体系逐步发展；另一方面，绿色金融、碳交易市场等制度创新为城市提供资源配置新工具，深圳碳排放权交易市场累计成交额超过 24.75 亿元，引导资本流向低碳技术企业。同时，"双碳"目标驱动城市产业链绿色化升级，例如杭州数字经济与义乌制造基地协同构建"数字+绿色"供应链，成渝地区双城经济圈探索生态产品价值实现机制。更为重要的是，可持续发展理念已深度融入城市创新系统，成为驱动城市能级跃升的战略机遇，通过重构要素配置逻辑、培育新兴产业集群、创新生态价值实现机制，正在塑造经济质效与生态效益协同提升的新格局。

7.2.2 风险挑战

1. 国际技术封锁与产业链风险加剧

全球技术竞争格局的政治化转向对我国城市创新体系形成多维压力（段德忠和杜德斌，2023）。美国对华实体清单持续扩容至 776 家，其中，半导体、人工智能等领域企业数量占比近 80%，导致 28 纳米以下芯片国产化率不足 10%，高端光刻机、电子设计自动化（EDA）工具等关键设备进口受限。产业链关键环节的脆弱性凸显，工业软件、高端传感器对外依存度超过 90%，2022 年半导体设备库存周转天数降至警戒线（28 天），暴露出供应链安全风险。欧盟《欧洲芯片法案》、美国《通胀削减法案》加速全球产业链重构，2023 年制造业实际使用外资金额 3179.2 亿元，同比下降 1.8%，跨国企业区域研发中心向东南亚转移比例提升，加剧技术外溢压力。虽然国产替代取得突破性进展，但我国在全球专利交叉许可网络中的核心专利占比仅为 7.3%，国际标准制定参与度较低，制约产业链自主可控能力提高。当前，我国城市创新体系抗风险能力亟待加强。

2. 制度创新滞后与协同机制障碍

现行体制机制尚未完全适应创新范式变革需求，跨区域、跨部门协同存在制度性梗阻。全国统一大市场建设仍面临区域分割挑战，部分地市存在技术标准互认壁垒，跨省（自治区、直辖市）资质认定重复审查率达 62%，增加企业制度性交易成本。科研管理机制尚未完全适应创新规律，制约人才创新活力释放。区域协同政策落地效果待增强，长三角还存在一些联合攻关项目因税收分成矛盾停滞，京津冀技术合同跨区域登记率仍较低，反映利益协调机制缺位。自由贸易试验区制度型开放探索需深化，数据跨境流动、科研设备通关等创新试点全国复制率不高，政策红利释放不充分。破解这些障碍需推进“纵向放权-横向协同-市场激活”系统改革，建立跨区域创新收益共享机制，优化科研人员激励机制，推动制度创新从“单点突破”转向“系统集成”。

7.3　国内外城市创新发展经验及借鉴

7.3.1　国际经验：差异化协同路径

国际领先城市通过“战略引领-生态赋能-全球联动”三位一体模式构建创新高地，其经验可为中国城市提供系统性启示。

第一，以顶层设计强化创新策源能力。发达国家注重通过立法与长期规划保障创新资源投入。美国硅谷依托《拜杜法案》建立“政府-高校-企业”专利共享机制，联邦研发经费占 GDP 的比例连续 20 年保持在 2.5% 以上，2023 年推动斯坦福大学技术转化收入 5900 万美元，累计孵化企业超万家；新加坡实施“研究、创新与企业 2025 计划”，政府将累计投入 250 亿新元，其中 65 亿新元用于四大重点研究领域（制造业、健康、可持续发展与数字经济）的研究活动，持续强化研究与创新能力。**第二，以综合性国立科研机构形成全链条协同创新。**德国作为科技创新强国，其科技创新体系具有独特优势，各创新主体定位清晰、分工明确，形成了相互合作的协同创新关系。德国四大科研机构——马克斯·普朗克科学促进协会（MPG）、弗劳恩霍夫协会（FhG）、莱布尼茨科学联合会（WGL）、亥姆霍兹联合会（HGF）作为德国科技创新体系中重要的战略科技力量，在创新链上各司其职，在关键技术攻关方面体现了协同创新的组织特征并取得显著成效（葛春雷等，2024）。**第三，以资本杠杆撬动创新裂变。**波士顿打造“128 号公路创新走廊”，形成风险投资、高校基金、产业资本联动的融资体系；东京实施“J-Startup”计划，政府联合软银、三菱等设立 2500 亿日元风险投资基金，配套税收减免、上市绿色通道等政策。国际经验表明，城市创新需构建“战略规划-要素配置-制度保障”协同机制，在重点领域建立“非对称优势”，同时深度嵌入全球创新网络。

7.3.2　国内标杆：三类模式突破

中国城市立足本土实际，探索出“制度突破—场景驱动—集群发展”特色路径，为全球新兴经济体提供创新范式。

其一，市场化改革释放创新活力。深圳首创“四个 90%”创新机制（90%

研发人员、机构、经费、专利来自企业），推行“悬赏制”“赛马制”攻关模式，2024 年战略性新兴产业增加值比 2023 年增长 10.5%，占 GDP 的比例达 42.3%；杭州依托数字经济先发优势，建设“城市大脑”等 110 余个重大应用场景，推动阿里云、海康威视等企业形成“创新联合体”，数字经济核心产业营收连续 5 年增长超过 15%。**其二，大科学装置牵引集群突破。**北京怀柔科学城布局高能同步辐射光源等 29 个大科学装置，吸引京津冀 256 家科研机构、2.3 万名科学家形成“基础研究—技术开发—产业转化”创新链，2023 年技术合同成交额达 8500 亿元；合肥聚焦量子信息、核聚变等战略领域，建设“一室一塔一岛”（量子实验室、聚变塔、科学岛），预计 2025 年带动新型显示、智能语音产业规模突破 2000 亿元。**其三，体制机制创新突破要素壁垒。**苏州工业园创建“沪苏协同创新飞地”，通过“双聘制”“成果分权”等政策导入上海交通大学、张江实验室资源，生物医药产业竞争力跃居全球前三；成都实施“揭榜挂帅”改革，建立“企业需求榜单+全球张榜招标+里程碑式验收”机制，在超算中心、航空发动机等领域攻克多项“卡脖子”技术，2023 年技术交易额同比增长 28.6%。国内实践揭示，后发城市需立足产业基础打造“创新长板”，通过制度型开放促进“科-产-城”深度融合，在细分领域形成全球竞争力。

7.4 中国城市创新能力提升的战略路径

7.4.1 构建多层互补的国家科技创新中心城市体系

以“分层布局、功能互补、梯度协同”为原则，构建国家科技创新中心城市体系。顶端国际科创极核需聚焦全球前沿领域，依托国家级科学设施与高能级平台，强化量子信息、集成电路、跨境数据等战略领域的原始创新能力，打造具有国际影响力的创新策源地。中部区域创新引擎应立足区域资源禀赋，培育军民融合、光电子、航空航天等特色产业集群，通过政策倾斜与要素集聚形成专业化创新高地。基础层节点城市需承接核心区域技术外溢，依托高铁网络与科创走廊构建要素流动通道，建立跨区域联合实验室、专利互认等协作机制，推动创新资源向中小城市扩散。该体系需明确各层级城市功能定位，通过“国家规划引导-区域协同分工-市场机制调节”实现创新能级有序传导。

7.4.2　建立“核-链-网”协同创新辐射机制

构建“核心突破-链条延伸-网络赋能”三位一体协同机制。强化核心城市策源功能，推动大科学装置、国家重点实验室等基础设施跨区域共享，建立“基础研究—中试孵化—产业应用”一体化服务体系。深化产业链跨域整合，实施“链长制”与“飞地经济”升级版，组建跨行政区创新联合体，完善产业链风险共担与利益分配机制。推进数字技术穿透式协同，建设云上中试平台与算力枢纽网络，打破物理空间限制，实现研发数据、算力资源的高效配置。该机制需统筹政府引导与市场驱动，通过制度创新破解行政壁垒，构建跨区域创新共同体。

7.4.3　实施“四象限”区域差异化创新战略

按照“功能分区、精准施策、动态优化”思路，制定差异化区域创新政策。东部制度突破区应聚焦国际规则对接，试点科研设备跨境流动、外资研发准入等制度创新，探索税收优惠与国际人才引进特殊机制。中西部特色转化带需激活资源禀赋优势，建设反向飞地、碳汇交易平台等载体，推动传统产业绿色化、数字化升级。东北转型试验区应创新老工业基地振兴路径，通过“技术+场景”双轮驱动重塑产业生态。特殊功能区需承担国家战略使命，在创新规划模式、跨境数据流动等领域先行先试。各区域需建立动态评估机制，及时调整政策工具箱，实现差异化发展与整体效能提升的平衡。

7.4.4　打造“三螺旋”城市协同创新网络

以“空间联动-要素融通-制度协同”为核心重构创新网络。空间载体建设需统筹科创走廊、飞地集群等跨域载体布局，建立税收分成、利益共享等长效协作机制。要素流通改革应突破人才、数据、资本流动障碍，试点科学家签证、数据联盟等新型配置模式，完善科技成果转化收益分配制度。制度协同创新需推行产业用地弹性供应机制、跨区域税收争议相互协商程序等政策工具，构建统一的技术标准与市场准入体系，破除地方保护壁垒。该网络需强化“政府-市场-社会”多元主体协同，通过制度型开放促进创新要素全域高效循环。

7.4.5 培育“热带雨林式”城市创新生态

构建“制度包容-文化浸润-空间赋能”融合生态体系。制度供给需完善基础研究容错机制，建立创新保险基金与天使投资税收抵扣政策，探索科研用地混合开发模式。文化培育应倡导包容失败的创新文化，建立草根创新支持计划与科学家荣誉体系，激发全民参与热情。空间重构需推动老旧空间科创化改造，建设垂直创新综合体与产城融合示范区，打造激发创造力的场景载体。该生态体系需兼顾硬环境提升与软环境优化，通过系统化制度设计培育自我演化、持续生长的创新生命力。

第8章 中国城市文旅现代化专题研究

8.1 党的十八大以来城市文旅发展成就

党的十八大以来，以习近平同志为核心的党中央以前所未有的力度将文化建设提升至治国理政和民族复兴的战略高度，擘画了建设社会主义文化强国的宏伟蓝图，开启了中华民族现代文明建设的新篇章。在习近平新时代中国特色社会主义思想特别是习近平文化思想的科学指引下，一系列富有洞见的新理念、新思想、新战略应运而生，转化为国家顶层设计的关键政策举措，为新时代文化繁荣发展特别是城市文化建设与文旅融合指明了方向，提供了根本遵循和强大动力，推动城市文旅发展取得了举世瞩目的重要成就。

党中央立足中华民族伟大复兴的战略全局，深刻阐释了文化在国家和民族命运中的核心地位，鲜明提出“文化兴国运兴，文化强民族强”的战略判断。习近平总书记将文化自信与道路自信、理论自信、制度自信并列，赋予了文化自信在中国特色社会主义事业中更为深远的意义。在这一战略定位的引领下，通过系统性地弘扬中华优秀传统文化、积极构建融通中外的新时代中国话语体系、巩固和壮大社会主义意识形态、推动高水平科技自立自强等一系列战略部署，为新时代坚持和发展中国特色社会主义、实现中华民族伟大复兴提供了强大的价值引领力、文化凝聚力和精神推动力，城市作为文化传承与创新的重要载体，其文化建设和文旅发展被赋予了新的时代使命。

特别是，习近平总书记在文化传承发展座谈会上的重要讲话中，深刻阐述了“两个结合”的重大论断，强调“在五千多年中华文明深厚基础上开辟和发展中国特色社会主义，把马克思主义基本原理同中国具体实际、同中华优秀传统文化相结合是必由之路”。这一重大理论创新不仅深化了中国共产党对马克思主义中国化时代化内在规律的认识，更以前所未有的高度激活了中华优秀传统文化的时代生命力，正如习近平总书记在文化传承发展座谈会上的重要讲话中所指出的“‘第二个结合’是又一次的思想解放”，极大地拓展了中国特色社会主义的文化根基，使中华文明基因与现代社会有机地衔接和融通，为中国式现代化注入了深厚的历史底蕴和独特的文化基因，为城市通过文化建设和文旅发展讲好中国故事、塑造城市品格提供了强大的文化自信和理论支撑（李新伟，2024）。

在习近平文化思想的科学指引下，党的十八大以来，中国政府持续深化文化体制机制改革，着力构建现代文化产业体系和市场体系，极大地激发了全民族的文化创新创造活力。尤为突出的是，党中央站在国家战略层面，强力推动文化与旅游的深度融合发展，明确提出“以文塑旅、以旅彰文”的发展理念，文化和旅游不再被视为孤立的领域，而是相互促进、相得益彰的有机整体。在这一融合发展战略的指导下，城市作为文化和旅游要素高度集聚的空间，迎来了前所未有的发展机遇（宋洋洋，2024）。文化和旅游的深度碰撞与融合不仅催生了城市文旅发展的新理念、新模式和新业态，还以前所未有的速度和广度改变着城市的文化面貌和旅游格局，成为推动城市高质量发展、满足人民美好生活需要的重要引擎，取得了显著成就。

8.1.1　文旅产业规模逐步扩大，消费升级成效显著

“以文塑旅、以旅彰文”。在党中央的坚强领导下，我国城市文旅产业以高质量发展为主线，通过深化供给侧结构性改革、推动文旅深度融合，实现了规模扩张与消费升级的协同发展。在产业基础夯实、业态创新深化、国际竞争力提升等多维度驱动下，文旅产业成为推动经济转型升级、满足人民美好生活需要的战略性支柱产业，为构建新发展格局注入强劲动能。“读万卷书，行万里路”已然成为重要的旅游方式。

产业规模持续攀升，经济支柱地位日益巩固。2012～2024 年，国内旅游人次从 29.57 亿人攀升至 56.15 亿人，形成全球最大的国内旅游市场；文化及相关产业增加值从 2012 年的 1.8 万亿元增至 2024 年的 5.9 万亿元，占 GDP 的比例达 4.59%，旅游及相关产业增加值同步增长至 4.5 万亿元，占 GDP 的比例达 4.24%，战略性支柱产业的地位进一步凸显。截至 2024 年，全国规模以上文化企业达 7.8 万家，较 2012 年翻倍增长，年营业收入突破 14.15 万亿元，市场主体活力持续迸发。A 级旅游景区数量从 2012 年的不足 6000 家增至 1.57 万家，县域覆盖率从 73% 提高至 93%，文旅基础设施网络实现全域优化。

消费结构深度转型，新业态激发市场活力。文旅消费从传统观光向沉浸式、品质化加速升级。一方面，通过实施文旅融合战略，夜间经济、红色旅游等新消费场景蓬勃发展，2023 年 345 个国家级夜间文旅消费集聚区累计客流量超 31.2 亿人次，全国红色旅游景区接待游客数量达到了 2.83 亿人次，成为厚植爱国情怀的生动课堂。城市博物馆游、非遗游等文化体验类消费持续升温，全国博物馆接待观众 12.9 亿人次，创历史新高，以故宫博物院为例，其通过文创产品开发、数字化展览、跨界合作等方式，年接待游客量突破 1900 万人次，文创收入超 15 亿元，成为传统文化活态传承的典范。另一方面，科技赋能催生智慧旅游新体验，虚拟现实、人工智能等技术打造沉浸式城市文旅项目，催生出“云游长城”“数字敦煌”等沉浸式体验项目，国家文化数字化战略推动云展览、数字文物等业态普及，推动文旅消费从实体空间向虚实融合拓展，2024 年文旅新业态对产业营收增量的贡献率达 65.7%。

政策引领融合发展，国际竞争力显著增强。党中央将文旅产业定位为满足人民美好生活需要的重要载体和推动经济转型升级的关键引擎，国家主席习近平在俄罗斯中国旅游年开幕式上的致辞强调“旅游是综合性产业，是拉动经济发展的重要动力”。以此为指引，国家先后出台了《关于促进旅游业改革发展的若干意见》《“十四五”旅游业发展规划》等政策文件，通过完善基础设施、优化产业布局、创新业态模式推动文旅产业向全域化、品质化方向迈进。文化和旅游部推动设立 15 个国家文化和旅游消费示范城市、115 个试点城市及 345 个国家级夜间文化和旅游消费集聚区，持续为文旅经济的火热“鼓风”。入境旅游便利化水平提高，2024 年“五一”假期入境游热潮涌动，上海等城市实现外卡支付全覆盖，国务院优化支付服务政策以进一步满足外籍游客的消费需求。目前，中国已成为 144 个国家和地区公民出境游目的地，设立 49 个海外中国文化中心，“你好！中国”等品牌活动推动中华文化全球传播。2023 年对外文化贸易额达到 1664 亿美元，国家文化出口基地建设助力文旅产业深度参与国际竞争。一业兴、百业旺，文化和旅游正在不断发挥城市建设中的融合带动作用，释放强大“乘数效应”，更好地服务经济社会发展。

8.1.2　公共文化服务提质增效，文化惠民成果突出

“以人民为中心”是中国共产党的根本执政理念，也是公共文化服务发展

的基本原则。党的十八大以来，我国公共文化服务在体制机制改革、服务效能提升、基层覆盖深化等方面取得了显著成效，文化惠民成果日益成为增强群众获得感、幸福感的重要支撑。城市公共文化服务建设正朝着精准化、品质化、多样化方向加速转型，为满足人民群众多样化精神文化需求提供了坚实保障。

服务效能持续攀升，普惠性文化夯实民生。截至 2024 年第三季度，全国公共图书馆总流通人次达 9.77 亿人，同比增长 20.6%；文化馆服务人次突破 7.77 亿人，同比增长 39.5%，凸显群众参与热情持续高涨。全国超 91% 的博物馆、美术馆及全部公共图书馆、文化馆实现免费开放，年服务人次从 2012 年的 41 亿人增长至 2023 年的 68 亿人。在基层领域，新型文化活动更是百花齐放：河南“百花迎新乐中原”惠民品牌联动省、市、县、乡、村五级，全年开展活动 5500 余场，惠及群众超过 800 万人次，形成线上线下联动的文化惠民矩阵。山东威海通过“群星大讲堂”开设 165 门公益课程，培训 7.7 万人次，将京剧、书法等艺术门类送入社区、农村，让传统文化焕发新活力。

供需适配机制创新，服务形态多维突破。针对传统“单向输送”模式导致的供需错配问题，各地积极探索精准化供给路径。例如，上海徐家汇书院创新“丈量书院”导览服务，通过定时定量导览、行李代存等配套服务，有效平衡市民学习与游客参观需求，打造“主客共享”新型文化空间。数字化赋能催生服务新场景，北京城市图书馆凭借智慧化服务获国际图联 2024 年度公共图书馆奖，我国累计已有 40 余个图书馆项目斩获国际大奖，标志着服务标准与国际先进水平接轨。深圳福田区“市民共享展厅”首创群众创作展示平台，浙江“艺术自习室”构建常态化服务新模式，推动公共文化服务从“政府配餐”转向“群众点单”。

体制机制纵深改革，融合释放乘数效应。党的二十大报告强调要健全现代公共文化服务体系，创新实施文化惠民工程，为新时代公共文化发展提供了根本遵循。国家相继出台了《关于加快构建现代公共文化服务体系的意见》《“十四五”公共文化服务体系建设规划》等政策，明确要求推动服务标准化、均等化、社会化发展。党的二十届三中全会提出“深化文化体制机制改革”战略部署后，各地加速破除制度壁垒。《关于推进旅游公共服务高质量发展的指导意见》落地见效。广东、浙江等地印发了“公共文化服务共同体”建设方案，推动跨系统、跨层级资源整合，建立数智化资源共享平台。高屋建瓴的顶层设计推动了文化场馆与旅游景区协同发展格局的逐步形成。

8.1.3　文化遗产保护全面推进，传承利用合理有序

“文物和文化遗产是不可再生、不可替代的宝贵资源”。以习近平同志为核心的党中央将文化遗产保护作为坚定文化自信、建设文化强国的战略性工程，以“保护第一、加强管理、挖掘价值、有效利用、让文物活起来”为方针，推动文化遗产保护从抢救性保护向预防性保护、系统性传承跨越升级。截至 2024 年，我国已构建起全球规模最大、体系最完备的文化遗产保护网络，世界遗产总数达 57 项，稳居世界首位，文化遗产的传承力、传播力、创新力显著增强，为全球文明交流互鉴贡献中国智慧。

保护体系全面升级，筑牢文明传承根脉。我国文化遗产保护法治化、科学化水平持续提高，新修订的《中华人民共和国文物保护法》于 2025 年 3 月起正式施行，规定了“保护第一、加强管理、挖掘价值、有效利用、让文物活起来”的新的工作要求。全国重点文物保护单位完成第八批审定，总数达到 5058 处，国家级和省级以上不可移动文物保护“四有”工作完成率将在“十四五”末期达 100%。大运河、丝绸之路、良渚古城遗址、泉州——宋元中国的世界海洋商贸中心、北京中轴线等重大申遗项目被成功列入《世界遗产名录》，逐步构建起了系统性、全方位、多层次的遗产保护体系。

考古探源纵深突破，遗产活化再放光彩。“考古中国”重大项目持续揭示文明起源密码，中华文明探源工程第五阶段研究揭示，黄河流域、长江流域、西辽河流域等早期文明互动交融，实证了中华文明“多元一体”的演进特征。从二里头遗址中发现了迄今最早地双轮车辙印，为夏文化研究提供关键证据；从安徽郎溪磨盘山遗址中发现了马家浜文化、崧泽文化等五期文化叠压关系，填补长江下游史前文化谱系空白；南海西北陆坡两艘沉船考古出水文物超过 10 万件，重现古代海上丝绸之路繁盛图景。全国十大考古新发现评选自 1990 年起，已历时 35 年，这些考古新发现充分展现了中国历史文化的源远流长与丰富内涵，在国内国际考古界均产生了重大的影响。2024 年西藏格布赛鲁遗址入选，将青藏高原文明史认知向前推进逾千年，进一步拓展中华文明多元一体格局认知边界。同时，考古成果加速转化为公共文化资源，三星堆、罗家坝等遗址建成国家考古遗址公园，成都东华门遗址公园的开放让摩诃池、蜀王府后花园等历史遗迹融入城市肌理。2025 年“五一”假期，三星堆博物馆连续 5 天门票售罄，乐山大佛、青城山、都江堰等世界遗产景区人流如织，文化遗产游成

为文旅融合的核心增长极。

活态传承创新实践，文化遗产融入生活。正如习近平总书记在敦煌研究院座谈时的讲话所指示的“要加强非物质文化遗产保护和传承，积极培养传承人，让非物质文化遗产绽放出更加迷人的光彩”，党中央不断完善非遗保护制度，搭建起我国非遗保护的“四梁八柱”。以《中华人民共和国非物质文化遗产法》为法治基石，通过《关于进一步加强非物质文化遗产保护工作的意见》《国家级文化生态保护区管理办法》等政策深化顶层设计，构建起涵盖“文化生态保护区-代表性项目-传承人认定”的全方位保护体系，形成了具有国际示范意义的中国特色非遗保护制度。截至 2025 年，全国已设立 23 个国家级文化生态保护（实验）区、认定了 1557 项国家级非物质文化遗产代表性项目（含 3610 个子项）和 3998 名国家级非物质文化遗产代表性传承人，涵盖民间文学、传统技艺、民俗等十大门类，在国际上首创“文化生态保护区”模式，将非物质文化遗产与其依存的物质空间和社会自然环境协同保护，实现“遗产丰富、氛围浓厚、特色鲜明、民众受益”的目标。同时，推进“非遗在社区”“非遗校园”，以及非遗特色村镇、街区、景区和非遗工坊建设等工作，推动非遗融入现代生活。

8.1.4　城市品牌体系逐步形成，共建共享不断深化

“讲好故事比单纯的风景更动人”。新时代下，城市文旅建设突破传统“景点思维”，转向以城市整体为目的地的“主品牌”构建，整合规模文旅资源，引导城市差异化发展。通过顶层制度设计、资源活化创新与数字技术赋能的深度融合，逐步构建起“全域品牌化、主客共享化、传播立体化”的文旅品牌体系，实现了从单一景点营销向城市综合品牌价值升级的历史性跨越，形成了独具特色的发展范式。

区域协同品牌共建，激活资源共享新机制。区域协同战略为城市文旅品牌注入了跨域联动的活力，通过资源整合与品牌联动，形成了“1+1＞2”的叠加效应。川渝两地以巴蜀文化为纽带，共建巴蜀文化旅游走廊，通过“宽洪大量”（宽窄巷子与洪崖洞）、“点石成金”（大足石刻与金沙遗址）等特色文旅 CP 联合推广，2024 年互访游客超过 1 亿人次，带动全国游客超过 10 亿人次，形成区域协同的品牌叠加效应。格尔木市则依托昆仑山、察尔汗盐湖等生

态资源，打造青藏线世界顶级旅游带及昆仑文化探秘旅游带，通过 4 条特色线路串联自然与文化遗产，推动青藏旅游集散地的形成，2024 年举办文化体育活动 120 余场次，进一步夯实昆仑文化品牌。各地联动打破行政壁垒，以文化为纽带构建跨区域文旅走廊，既强化了品牌辨识度，又提高了资源配置效率，通过挖掘地域文化基因与生活方式特质，形成差异化定位。

业态融合创新体验，延展文旅价值新内涵。业态融合是文旅产业转型升级的核心动力，通过跨界整合与场景重构，城市文旅品牌正突破传统边界，形成“文化+商业+科技+生活”的复合型消费生态。山西借助《黑神话：悟空》游戏 IP 的热度，联动隰县小西天、洪洞广胜寺等古建景区开展场景营销，带动“山西旅游”网络搜索量激增 3178%，形成“游戏+文旅”的跨界融合范例。苍梧县依托六堡茶文化，开发“赛事+旅游”“非遗+节庆”“茶旅+康养”等新业态，串联茶园、民宿、非遗工坊，打造“茶船古道”生态观光线路，形成集生产、研学、休闲于一体的全产业链示范基地。成都特色街区则以“商旅文体数展”融合为抓手，通过街区焕新、业态升级和数字赋能，推出“烟火指数 Top10”评选等活动，将传统市井空间转化为沉浸式消费生态圈，年客流量达 20 亿人次，营业收入近万亿元。业态融合通过资源重组与模式创新，将文化价值转化为市场动能，其深度与广度也在不断突破，为城市文旅品牌注入持久活力。

媒体传播重构生态，推动价值传递新格局。从城市文旅品牌传播的渠道和载体来看，以“双微一抖”（微信、微博、抖音）、B 站、小红书等为代表的新媒体平台逐渐成为主流渠道，而以综艺、影视、歌曲和短视频、短剧等为代表的文艺内容进一步成为重要载体，其影响不仅体现在信息传递效率的提高上，更通过内容创新、互动参与和技术赋能，重塑了城市文旅品牌的构建路径与消费模式。淄博市通过“淄博烧烤节”在抖音等平台的快速传播，相关话题搜索指数峰值突破 1105 万，成功地将地域美食转化为城市文旅 IP，带动 2023 年游客量较 2020 年前增长十余倍。故宫博物院通过微信公众号发布深度文化解析文章，粉丝量超 200 万人，并结合抖音短视频展示文物活化场景，吸引年轻用户。此外，政务新媒体矩阵（如全国文旅政务新媒体传播力指数体系）的构建强化了跨区域协作，河北《美丽河北》慢直播与山东“1+16+*N*”新媒体模式均通过资源整合提升了传播效能。总体而言，新媒体已成为城市文旅高质量发展的核心引擎，其“内容驱动+技术赋能+情感联结”三重逻辑正推动城市文旅品牌从流量竞争迈向文化深耕与可持续创新。

8.2　当前城市文旅发展存在突出问题

8.2.1　新兴业态与在地文化融合不足

虽然多地尝试以“文旅+”模式嫁接科技、影视、游戏等元素，但部分项目仅停留在文化符号的简单叠加，未能实现价值共生，多数地区仍面临“有资源无转化”困境。部分旅游景点将“文化”当作噱头，但真实设计往往与当地文化脱节，并未真正体现文化内涵，而是充斥着各类“网红”打卡装置、跟风形成的商业配套，“千镇一面”“千城同貌”现象突出。部分城市文旅项目过度依赖“休闲观光”，忽视非遗技艺、传统节庆等活态文化的转化利用，导致新兴业态与在地文化呈现“两张皮”现象。即便在商业 IP 转化赋能的热潮中，也存在文化符号转化浅层化问题，使游客对在地文化内核的感知停留于视觉奇观层面。

部分地区文旅融合存在项目内容同质性强、文化内涵挖掘不足、配套设施建设落后等问题，城市更新过程中过度依赖商业化开发模式，历史街区被批量改造为“仿古商业街”（如部分古城被过度开发），传统肌理被标准化商业空间取代，丧失地域文化独特性（董炫旻和唐燕，2024），“点状保护”思维导致文化遗产与城市整体空间割裂，例如孤立修复单体建筑，却忽视其与周边社区、水系、街巷的生态关联，形成“盆景式文化地标”。巨额投资下的张家界大庸古城日均购票人数不足 20 人，暴露出业态创新与在地文化脱节的弊端，文旅 IP 开发集中于历史典故复刻，很多非遗被简化为旅游表演项目，剥离原有仪式内涵，沦为消费符号，导致“文化失真”、削弱了遗产在当地社区的本体价值，缺乏对当代生活的创造性诠释，这在一定程度上导致消费者难以获得具有鲜明地域特色的文化体验。

8.2.2　区域差异显著与协同发展不足

文旅优质服务资源过度集中于大城市，中小城市和小城镇发展活力不足，城乡基本公共服务差距依然明显。大城市依托商圈、博物馆、剧院等形成文化消费集群，但其覆盖面有限，难以惠及远郊及县域地区。数据显示，2024 年 1.57 万家全国 A 级景区中，约 70% 集中分布于省会及副省级城市周边，县域景区多面临“低评级、低流量”困境。

此外，东西部地区在公共文化服务、文旅资源开发、基础设施建设和产业投资热度上也存在显著差距，东部沿海城市依托先发优势形成产业集聚，而中西部文旅带常因项目储备不足、市场主体投资乏力而陷入低水平重复建设状态，文旅项目常因资金、人才短缺陷入“僵尸化”。另外，在城市内部，大城市核心区往往依托雄厚的历史文化积淀和完善的公共设施形成了成熟的文旅市场，而城市外围及新兴区域在文化资源整合、基础设施建设及服务供给方面明显不足，导致区域协同发展进程缓慢。区域间发展不平衡不仅造成资源浪费，还使城市整体品牌形象难以构建，制约了文化和旅游业的联动效应发挥和长远竞争力提高。

8.2.3　消费升级与供需错配矛盾加剧

随着居民消费向个性化、品质化跃迁，居民对文化旅游产品提出了更高的品质和个性化需求，但供给侧却未能及时适应这种变化，传统文旅产品结构与服务模式已明显滞后。一方面，低端观光产品供给过剩，沉浸式体验、康养度假等中高端业态供给不足，导致“内需外溢”现象突出；另一方面，部分文旅项目在产品设计、服务体验和管理模式上缺乏创新，不能满足消费者不断升级的精神文化需求，市场上又存在低质低价产品泛滥的问题，导致优质文化资源与市场需求之间的矛盾日益突出，进一步激化了文旅产业供需两端的矛盾。供需失衡还表现在文旅项目过度商业化开发，部分历史街区改造忽视原真性保护，削弱文化认同感。

8.2.4　公共文化服务效能有待提升

虽然近年来各级政府在公共文化服务设施建设上加大了投入，推动了数字化、智慧化改造，但公共文化服务效能仍有待进一步提升。部分公共文化机构在服务模式、资源整合和信息化管理方面存在短板，文化场馆运营多依赖政府投入，社会力量参与机制尚未健全，难以满足广大市民日益多样化、个性化的文化需求。许多基层文化场馆（社区图书馆、文化站）存在“高覆盖率、低使用率”现象，部分场馆功能设计与居民需求脱节，沦为政绩展示空间。《中国公共文化服务发展报告（2022）》显示，三四线城市社区图书馆日均人流量不足 20 人次，超 70% 的居民更倾向手机阅读。

此外，城市中公共文化服务未能有效回应多元群体的精神需求，加剧社会文化分层，例如外来务工人员、老年群体等在城市文化活动中参与渠道有限、融入感不强；多数城市博物馆的无障碍设施止于“斜坡+盲道”，缺乏手语导览、触觉展品等深度服务。这种现状不仅降低了公共服务的覆盖率和实效性，还影响了城市文化软实力和市民幸福感的提高，制约服务创新与可持续发展。

8.2.5　社会参与治理机制性缺陷

当前，文旅领域的决策和治理以行政主导为主，社会组织、企业等多元主体协同效能未充分释放，使普通市民、企业和社会组织在公共文化事务中的话语权和参与度不足。政府、市场、社区、非政府组织（NGO）等角色边界模糊，容易出现“政府包办式管理”或“资本过度干预”，民间文化自组织活力未被充分激活。

部分地区社会组织因政策支持不足、专业能力薄弱，难以有效承接公共服务职能；群众参与渠道局限于传统行政动员，数字化治理平台建设滞后，导致居民自治活力不足。利益协调机制缺失更易引发矛盾，例如文旅项目开发中企业追求效益与居民生活空间保护的冲突屡见不鲜，暴露治理体系包容性与弹性的不足。这种治理模式既限制了文旅产品和服务的创新活力，又不利于形成政府、市场与社会三方协同共治的良性局面，从而制约了城市文旅产业整体治理水平的提高。

当前城市文旅发展存在的突出问题既是产业转型的阵痛，又是制度创新的契机，破解当前城市文旅发展的深层次矛盾，需以系统性思维多方面构建综合治理框架。需要“惠及全民”，应强化公共文化服务的精准触达与长效运营机制，让全体市民共享文化资源，以公共文化服务体现城市的人文导向和福利水平，真正实现“文化资源全民共享”的治理愿景；需要“鼓励竞争”，需将文化作为高级生产要素，将其深度嵌入制造、商贸、旅游、科技等产业，推动“文旅+制造”“文旅+科技”等跨界模式，培育示范项目，在融合中促进文化产业的蓬勃发展；需要“促进增长”，蓬勃发展的文化创意产业创造了全球 GDP 的 3%，创造了 2950 多万个就业岗位，文化贸易已经成为全球贸易的重要组成部分，需要建立需求动态感知系统，针对银发族、Z 世代等细分群体形成精准供给策略。需要“鼓励创新”，通过文旅人才专项基金、青年创业孵化器等载体，将“宽容失败、激励探索”的理念转化为制度保障，培育兼具文化理解力与数字素养的新型从业者，激发出每颗“勇敢的心”。唯有通过制度重构、技术赋能与价值共振的多维变革，才能在破解同质化竞争、区域失衡等顽疾的同时，重塑文旅产业作为城市高质量发展核心引擎的战略地位。

8.3　国际城市文旅发展经验总结

8.3.1　法律法规保障与规划先行

从国际经验来看，健全的法律法规体系是城市文旅健康发展的根本保障。这不仅包括对各类文化遗产的界定、保护和传承相关的法律条文，更涵盖了土地使用、环境保护、旅游服务标准、知识产权保护以及投资者权益保障等一系列规范（廖青虎等，2021）。一个完善的法律框架能够明确各相关方的权利与义务，有效约束不当开发行为，防止对珍贵文化资源的破坏和过度商业化，确保文旅发展在法治轨道上运行，同时增加了城市文旅消费者的信心，营造了安全、有序的旅游环境，是提高城市旅游吸引力和国际竞争力的重要支撑。例如，法国拥有《历史古迹法》《马尔罗法》等完善的文化遗产法律保护体系，尤其明确设立“受保护区域”，严格控制区域内新建和改建，确保历史街区风貌，通过立法确立文化优先权，限制资本对文化遗产的过度干预。同样地，京都在应对旅游快速增长带来的挑战时，其“町屋”（传统联排房屋）保护条例和景观条例起到了关键作用，通过法律手段鼓励和规范对传统建筑的保护和再利用，同时限制可能破坏城市传统风貌的开发项目，使京都在现代化进程中依然保留了浓厚的历史文化氛围，吸引着全球游客。

与法律法规保障紧密相连、互为支撑的是规划先行。城市文旅发展绝非简单的项目堆砌，而是一个复杂的系统工程，需要前瞻性、整体性的顶层设计。规划先行的理念要求在启动具体的文旅项目前，必须进行深入的需求分析、资源评估和市场研判，并在此基础上制定科学合理的总体规划和专项规划。这些规划应当将文化保护、旅游发展、城市功能提升、基础设施建设以及社区参与等多个维度有机融合，形成协同效应。成功的国际案例表明，城市文旅规划应是跨部门、跨领域的协同过程，需要旅游、文化、规划、交通、环保等多个政府部门以及私营部门、社区居民的共同参与和协商（朱鹤等，2021）。例如，巴塞罗那在奥运会后的城市转型中，通过系统的城市规划，将滨海工业区改造为文化休闲区域，建设了新的博物馆、文化设施和公共空间，并通过交通规划优化了游客的可达性，成功地将自身从一个工业城市转变为一个充满活力的文化旅游目的地。

8.3.2　文旅产品创新与地方文化传承

随着游客需求日益多样化和个性化，传统的观光式旅游产品已难以满足市场需求。国际上许多著名城市在文旅发展中都高度重视产品的创新，通过深入挖掘城市独特的文化内涵，并与创意、科技和当地社区深度融合，塑造出更具吸引力、参与性和体验性的文旅产品体系（翁李胜等，2025）。

城市文旅产品的创新首先在于对城市核心文化资源的创造性转化和呈现。这不仅仅是展示历史遗迹或艺术品，更是要将城市的文化故事、生活方式、艺术精神以及当代创意融入旅游产品中。例如，伦敦的 Tate Modern（泰特现代艺术馆）所在的泰晤士河南岸（Bankside 区），通过将废弃发电厂改造为世界级的当代艺术空间，并围绕其发展创意商店、餐厅和文化活动，将街头艺术、设计展览、独立演出等当代文化形式融入城市空间，成功地将一个后工业区域塑造为充满活力的文化旅游目的地。

科技是推动城市文旅产品创新的重要引擎。虚拟现实（VR）、增强现实（AR）、互动装置、大数据分析等技术的应用给文旅产品带来了全新的表现形式和体验方式。例如，新加坡在智慧旅游方面进行了大量探索，通过开发综合性的旅游信息平台和智能导航系统，提高游客在城市中的便利性和体验感，同时利用科技手段对旅游资源进行管理和优化。

城市文旅产品的创新也高度依赖于与当地社区的深度融合和共同创造。最有魅力的文旅产品往往是那些能够体现地方特色和人文关怀的产品。通过鼓励当地居民参与产品设计和运营，如开发社区导览、手工艺体验课程、家庭式餐饮等，不仅能够丰富产品供给，更能为游客提供真实、温暖的在地体验，促进游客与当地社区之间的理解和互动。

8.3.3　强化城市 IP 与推动品牌建设

城市 IP，即城市所拥有的独特的文化基因、历史底蕴、特色符号以及由此衍生的产品和服务所共同构成的无形资产集合。强化城市 IP 并进行全球化品牌建设，旨在将城市的独特魅力和核心价值有效地传达给全球目标受众，树立鲜明、有吸引力的城市形象，最终使其转化为源源不断的游客、投资和发展机遇。

国际上许多大都市往往拥有一个或多个全球知名的文化符号或主题，并围绕此构建清晰的城市品牌。例如，巴黎的浪漫、艺术与时尚；罗马的古罗马历史与天主教文化；纽约的多元文化熔炉与现代都市活力；京都的传统日式文化与禅意。这些成功的城市同时深谙品牌挖掘和运营的力量，品牌背后不仅是城市的地理特色，更是通过提炼城市独特的文化基因（如历史、艺术、生活方式、特定人物或事件），形成引人入胜的城市叙事和清晰的文化旅游故事，例如伦敦成功地将其丰富的历史遗迹（如伦敦塔、威斯敏斯特教堂）、文化机构（如大英博物馆、国家美术馆）以及现代表现形式（如伦敦西区戏剧、SOHO 区的创意文化）整合成强大的城市 IP，并通过精准的品牌定位和全球营销使其“创意之都”的形象深入人心。

在明确城市 IP 的基础上，需要进行系统性的品牌构建。这包括提炼城市的品牌口号和视觉标识，开发富有文化内涵的旅游产品和体验，以及建立一套持续的城市品牌传播体系。巴塞罗那成功地将高迪的建筑艺术与其独特的城市风格相结合，创造了“高迪之城”的鲜明品牌形象，并通过一系列文化活动和旅游线路的设计，将这一 IP 转化为具体的旅游体验。同时，知识产权的保护在城市 IP 全球化品牌建设中至关重要。通过商标注册、版权保护等法律手段，对城市的品牌名称、标识、特色产品、文化创意等进行保护，防止品牌被盗用和滥用，维护品牌的美誉度和市场价值。

8.3.4　“微更新”与文化当代实践相结合

“微更新”强调的是对城市现有肌理的尊重和延续，这种方法超越了传统的大规模城市更新模式，**转而关注城市空间中更小尺度的、渐进式的改变，并将其与丰富多样的当代文化活动和创意实践紧密融合，以此激发城市活力，提升文化吸引力，并最终服务于可持续的城市文化旅游发展。**将“微更新”与文化当代实践相结合，则是在物理空间的改善基础上，注入鲜活的文化内容和创意活动（谢正梁等，2025）。这里的文化当代实践涵盖了广泛的领域，包括当代艺术展览、独立音乐表演、设计市集、创意工作坊、社区剧场以及各类体现城市最新文化潮流的活动。在微更新后的空间中植入这些文化实践，能够有效地吸引人流，营造独特的文化氛围，并将原本相对静态的空间转化为充满活力的文化发生地。例如，日本京都以“微更新”延续传统空间肌理，激活民宅文化价值。政府补贴 70% 修缮费用，鼓励町屋改造为民宿、茶室、手作工坊，要求保留外立面与庭院格局。此外，通过打造“工艺之町”项目，引进传统手工艺大师开设工作室，而雇佣传统匠人的企业还可减免 50% 所得税。统计显示，2023 年京都市 90% 町屋仍在使用，游客入住率达 80%，远超星级酒店。

微更新项目通常规模较小，实施周期相对较短，为引入和测试新的文化实践提供了便利。同时，文化当代实践本身具有创新性和前沿性，能够给城市带来新的视角和可能性，丰富城市的文化内涵。这种互动促进了城市空间的持续演进和文化活力的不断再生。

8.3.5 可持续与负责任的发展导向

在可持续发展目标（SDG）的指导下，可持续发展是当下国际城市建设的重要方向。城市文旅的可持续需要在经济效益、社会公平和环境保护之间寻求动态平衡：经济上的可持续性要求文旅发展能够带来稳定的收入和就业机会，但同时需要防范过度商业化和资源过度消耗带来的风险（耿松涛和刘玥，2023）；社会上的可持续性则强调文旅发展要尊重当地社区的文化和生活方式，保障居民的权利和利益，促进社区参与和共享发展成果，避免旅游带来的社会负面影响；环境上的可持续性则要求最大限度地减少旅游活动对自然环境和文化遗产的破坏，推动绿色旅游、低碳出行和资源节约，保护生物多样性和生态系统的健康。

负责任的文旅发展则是在可持续框架下，进一步强调所有利益相关方的责任。这包括政府部门的规划、监管和引导责任；旅游企业在环境保护、社区关系和员工福利方面的责任；游客尊重当地文化、遵守行为规范和减少环境足迹的责任；社区居民积极参与、表达诉求和共同管理的责任。阿姆斯特丹在《2020—2025 年循环战略》及更长远的城市规划中，将文化创意产业视为推动可持续材料使用、减少浪费和促进绿色生活方式的先锋，而在面临过度旅游的挑战时，采取了一系列负责任的旅游措施，包括限制市中心酒店扩张、提高旅游税、推广分散式旅游以及加强对游客行为的管理和宣传，旨在引导游客更加尊重城市和居民的生活，减轻旅游对城市核心区域的压力。巴塞罗那也通过限制短期租赁、限制热门区域新增酒店、引导游客至非核心区域、规范旅游巴士线路、推广淡季旅游以及加强社区对话等方式努力平衡旅游业发展与当地居民的生活质量。不丹则实行“高价值、低影响”的旅游政策，通过每日最低消费额限制游客数量，确保旅游品质和环境保护。这些城市的实践表明，可持续发展与负责任的文旅发展需要政府、企业、社区和游客共同承担责任，形成协同治理体系。城市文旅不仅仅是“软实力”，更是城市应对气候变化、实现社会公平、提升整体福祉的“硬支撑”。

8.3.6　包容性与公平性的发展策略

包容性与公平性是衡量城市可持续发展的关键维度，这要求确保城市文旅发展过程和成果能够惠及城市的不同群体，尤其是那些可能被边缘化或在发展中处于不利地位的社区和个体，同时尊重并维护他们的文化权力。

包容性体现在城市文旅发展与文旅服务设施建设的各个层面，首先是物理空间的可达性，需要确保所有的居民和游客，包括老年人、残障人士以及携带儿童的家庭，都能够便捷地享有文化景点、旅游设施和公共空间。其次是文化体验的普惠性，城市的文化资源和旅游产品应该对所有居民和游客开放，并努力降低参与的门槛，可以通过提供免费或低价的文化活动、社区参与式的文化体验项目以及针对不同文化背景和兴趣的定制化产品来实现，例如，纽约对百老汇商业演出征收 5%“文化税”，用于补贴哈莱姆区黑人剧场、移民诗歌节等非营利项目。此外，纽约持续推动“文化公平”，通过资助和政策引导，支持代表不同族裔和社群的文化组织与艺术创作，确保文化资源在各区之间的均衡分配。

公平性则更加关注文旅发展成果的合理分配和机会的均等性。这意味着要确保相关产业带来的经济收益能够公平地分配给所有参与者，尤其是本地居民和中小型企业。为此，许多城市鼓励发展社区拥有或参与管理的文化和旅游项目支持本地小型文化企业和手工艺人发展，建立旅游收益回馈机制，将部分旅游收入用于改善社区基础设施、教育、医疗等公共服务。例如，伦敦成立“文化战略委员会”，将 45% 的文化财政预算用于扶持中小型创意企业，政府搭建平台，推动文化机构、企业、社区协同创新，使创意产业贡献全市 GDP 的 12%，远超金融业。此外，公平性还包括在文旅决策过程中，充分听取和尊重不同群体的意见和诉求，特别是那些可能在权力结构中处于弱势地位的群体。建立多方参与的协商机制，确保文旅规划和政策的制定能够反映当地社区的意愿和利益，避免旅游发展导致社区分裂或文化冲突。在旅游开发可能对特定社区产生负面影响时，应建立有效的补偿和疏导机制，保障居民的合法权益。大伦敦政府于 2018 年 12 月出台的《伦敦文化战略》主题为“面向全民的文化”（Culture for All Londoners），强调文化民主和多元包容，并提出面向未来，将投入更多资源支持社区文化项目，推动文化设施的无障碍改造，利用数字技术为残障人士提供辅助文化体验，并确保文化内容反映城市的多样性。

8.4 面向未来的城市文旅发展建议

城市作为人类文明的主要载体和创新中心，其文旅发展将不再仅仅是吸引游客的经济活动，而是成为提升城市韧性、促进社会公平、推动文化创新和实现可持续发展的重要战略组成部分。基于过往的成功经验和对未来趋势的研判，面向未来，我国的城市文旅发展也需要进行战略性的调整和深化。

8.4.1 以可持续发展为目标，夯实政策法规保障

需要将文化视为城市实现联合国 2030 年可持续发展目标的关键驱动力，并将前瞻性、系统性的政策法规体系作为根本保障，应对未来日益复杂的挑战。

第一，应将可持续发展理念提升至城市文旅相关法律法规的统领性地位。这需要在国家和地方层面修订或出台新的法律法规，明确规定城市文旅发展必须以促进经济、社会、文化和环境的全面可持续为目标。法律应强制要求文旅规划和项目立项必须进行严格的可持续性影响评估（包括环境、社会、文化及经济多维度），并将评估结果作为决策的核心依据。可借鉴环境影响评价的经验，建立一套专门针对城市文旅项目的可持续性影响评价体系，并使其具有法律约束力。这从顶层设计上确立了可持续发展的优先性，避免了短期经济利益可能对长远目标造成的冲击。

第二，城市文旅规划必须与城市整体的可持续发展规划、国土空间规划及环境保护规划深度融合，确保文旅发展与城市生态系统和基础设施承载力相协调。规划要从前瞻性的视角，将气候变化适应性、资源循环利用、绿色交通体系等可持续理念融入旅游基础设施建设和公共服务配套中。例如，规划中应包含应对极端天气对文化遗产影响的保护方案，以及推广区域内游客采用低碳出行方式的空间布局和设施安排。

第三，需要构建针对文旅活动全链条、各环节的精细化法律规范，以保障可持续目标的实现。在环境保护方面，应出台更为严格的旅游设施建设、运营和游客行为的环境保护标准及法规，例如强制要求采用绿色建筑材料、推行能源和水资源高效利用、规范废弃物处理和排放，并对破坏城市生态环境的行为设定严厉的法律惩罚。在社会公平方面，法律应保障本地社区在文旅发展中的参与权和收益分配权，例如通过立法明确社区咨询和协商机制，规定旅游税或相关收益的固定比例用于社区发展项目，以及制定法规限制可能导致本地居民被排挤的短期租赁行为。在文化保护方面，法律需进一步细化对物质和非物质文化遗产的保护，明确商业利用的界限，防止过度商业化和文化失真，保障文化传承者的合法权益。

第四，政策法规的保障作用应体现在激励和约束并举的机制设计上。法律和政策应为采用可持续和负责任实践的文旅企业、社区和个人提供明确的激励，例如通过税收减免、财政补贴、优先许可、荣誉认证等方式，鼓励绿色旅游产品开发、无障碍环境建设、社区旅游项目、文化遗产活化利用等。同时，必须强化对不符合可持续要求的行为的法律约束和惩罚，提高违法成本，形成有效的震慑。这包括建立健全的法律监督和执法体系，确保相关法规得到严格执行，不流于形式。

第五，夯实政策法规保障需要提高治理能力和促进行动者协同。法律应明确各级政府在推动可持续文旅发展中的职责，建立跨部门的协调机制，解决政策碎片化问题。更为重要的是，法律应保障社会组织、专家学者和公众在文旅政策制定和实施过程中的合法参与渠道和监督权利，形成政府、市场、社会协同共治的格局。同时，应加强国际合作，学习借鉴其他城市在可持续文旅政策法规方面的成功经验和挑战，并将国际通行的可持续旅游标准融入国内法律体系，从而不断完善政策法规保障。

8.4.2 加强城市文化遗产保护，挖掘城市文化基因

第一，将城市文化建设和文化遗产保护全面纳入国土空间规划和城市发展战略，制定并完善相关法律法规，明确各级政府、社会组织和公民的权利与责任（郝庆等，2021）。建立国家级的城市文化遗产保护与发展专项基金。形成城市文化遗产保护的负面清单、“一票否决”及领导干部追责制。制定详细的城乡历史文化遗产保护与利用准则，通过分类分级明确不同类型历史建筑和历史地段在修缮、改造和功能植入方面的标准，推广“微改造”“针灸式”更新模式。仿效生态环境保护督察，设立国家历史文化保护督察制度，定期对地方政府历史文化保护传承工作进行专项督察。

第二，组织高校、科研机构、地方文史专家对城市进行系统的文化资源普查、价值评估和“文化基因”提炼，包括城市重要历史事件、历史人物、传统技艺、特色产业、方言俗语、饮食文化、重要历史空间节点、典型建筑风格、传统街巷肌理、古树名木、历史水系等。摒弃“千城一面”，鼓励城市挖掘自身独特的历史文脉、地域风情和民族特色。可以在现有文物保护单位、历史建筑名录之外，增设“城市记忆场所”名录，将承载城市集体记忆但可能未达到文物级别的老字号、老厂房、旧车站、名人故居、特色街巷、公共艺术品等纳入保护与关注范围。对于列入名录的“城市记忆场所”，在产权不变的前提下，鼓励通过功能置换、业态提升、文化植入等方式进行活化利用，政府可给予一定的修缮补贴、租金减免或运营奖励。

第三，强制或鼓励聘请具有深厚文史素养和相关实践经验的责任规划师/建筑师团队，提供从前期调研、规划设计到施工监督、后期运营的全过程、伴随式技术咨询和服务。**在社区层面，引入“社区营造师”或“社区规划师”**，协助居民挖掘社区文化，参与社区微更新、公共空间营造和文化活动组织。推动专业力量下沉基层，提高精细化治理水平。

第四，大力推动文化遗产的创造性转化和创新性发展。文化遗产的价值不仅在于“保存”，更在于“活用”，需以“创造性转化”激活历史记忆，以“创新性发展”对接现代需求，推动文化遗产从“静态展品”转变为“动态生活场景”，从“文化资源”升级为“城市竞争力”（郭英之，2023）。鼓励将历史建筑、工业遗产等改造为博物馆、美术馆、图书馆、创意空间、特色商业等，推动文化遗产改造与社区治理结合，将历史建筑改造为“社区文化客

厅”，使其融入现代生活。发展文化旅游、数字文化、创意设计等文化产业，开发文化遗产旅游线路，依托文化遗产元素开发“轻量化、IP 化”数字产品，实现产业融合的多元赋能。

第五，将城市历史文化和遗产保护知识纳入国民教育体系。将城市历史文化纳入中小学地方课程，联合博物馆、非遗传承体验设施等形成学校实践课程。推动高校开设相关专业，培养专业人才。加强社会教育，推动基于各类公共文化活动、服务设施开展城市历史文化的普及和推广工作。鼓励发展各类民间文化社团和志愿者组织，鼓励在校生参与遗产保护志愿服务工作。积极开展城市文化国际交流与合作，学习借鉴先进经验，讲好中国城市文化故事。

8.4.3　跨界融合与创新生态，培育文旅产业新动能

培育新的产业动能的关键在于深化“跨界融合”与构建“创新生态”，需要跳出文化和旅游的传统框架，与科技、创意、教育、商业、社区等多元领域深度交织，形成一个协同创新、价值共创的生态系统，以此激发城市文化活力，催生新的文旅产品形态和商业模式。

第一，构建跨界融合的政策环境和功能平台是培育新动能的基础。政府需打破部门壁垒，推动旅游、文化、科技、规划、教育、经济等部门建立常态化协作机制，在政策设计上鼓励和引导不同产业之间的融合创新。应规划建设具有灵活性的物理空间和数字平台，将其作为跨界合作的“孵化器”和“连接器”。例如，在具备条件的文化遗产地或城市更新区域，设立文化科技创新实验室、艺术家与设计师协同工作坊、文旅创业加速器等，为科技公司、创意团队、文化机构、本地社区和文旅企业提供交流、实验和项目落地的共享空间。这些平台不仅提供物理载体，更应提供法律咨询、知识产权服务、市场对接、投融资支持等全方位服务，降低跨界合作的门槛和风险。

第二，深化与前沿科技的融合是培育文旅新动能的关键驱动力。面向未来，人工智能、大数据、物联网、5G/6G、扩展现实（XR）等技术将与城市文旅深度融合，重塑游客体验和运营模式。应鼓励开发基于数字孪生城市的沉浸式文化导览，利用 AI 为游客提供个性化行程推荐和实时信息服务，运用物联网技术优化旅游基础设施和资源管理，通过 XR 技术创造虚实结合的文化体验产品。例如，将城市历史场景、非物质文化遗产或当代艺术作品通过增强现实叠

加到现实空间中，为游客提供探索城市的全新视角；或者利用 VR 技术构建高度真实的数字文化遗产体验，突破时空限制。这种技术驱动的创新将催生数字艺术展览、虚拟文化节庆、智能主题线路等新型文旅产品，极大地丰富城市文旅的内涵和形式。

第三，促进文化创意与城市产业、社区生活的深度融合，将为文旅发展注入源源不断的活力。这不仅需要将创意设计应用于产品的包装和营销，更强调鼓励艺术家、设计师、文化创意企业等与城市特色产业（如传统手工艺、时尚、美食、科技制造等）进行跨界合作，共同开发具有文化附加值和市场竞争力的新产品和新服务。例如，将传统手工艺与当代设计相结合，推出符合现代审美的文创商品；或者将城市工业遗产与艺术展览、沉浸式餐饮等业态融合，打造独特的文化消费空间。同时，要鼓励文化创意力量深入社区，与本地居民共同挖掘和呈现社区故事、生活方式和民间艺术，将社区本身转化为富有吸引力的文旅目的地和文化体验场所，实现文化保护、社区发展与旅游增长的协同。

第四，培育一个开放、协同且充满活力的创新生态系统，是支撑上述跨界融合持续发展的土壤。这需要政府、企业、高校、研究机构、艺术家、文化机构、社区居民、社会组织等多元主体形成紧密的合作网络。政府应发挥引导和协调作用，提供激励政策和公共服务；企业应作为创新的主体和市场需求的对接者；高校和研究机构应提供前沿的技术和智力支持；艺术家和文化机构应提供创意和内容源泉；社区居民应作为文化的拥有者和体验的参与者；社会组织应发挥桥梁和纽带作用。应建立常态化的多方对话机制，共享信息，协同解决问题，鼓励风险投资和社会资本进入文旅创新领域，形成“创意—研发—转化—市场”的创新链条。通过激发各类创新主体的积极性和创造力，构建一个充满活力的城市文旅创新生态，才能持续培育出适应未来需求、引领消费趋势的文旅新动能。

8.4.4 推动区域优势互补，优化城市文旅公共服务

第一，应建立和完善区域层面的文化和旅游资源联动开发与产品协同机制。通过区域协同发展平台，定期开展区域文化和旅游资源普查与价值评估，重点识别具有独特优势、互补性强的资源要素，如历史遗迹廊道、特色产业集群、非物质文化遗产带等。在此基础上，联合策划和开发跨区域的文化旅游产

品和线路，例如串联不同城市特定历史时期的遗存、整合区域内不同地域的特色美食或手工艺体验、联合举办具有区域影响力的文化节庆活动。政策应鼓励区域内城市和企业组建文旅产品开发联盟，共同投入研发、共享产品成果，避免同质化竞争，形成区域整体的产品竞争力。

第二，需要构建一体化、智能化的区域文旅公共服务网络。优化公共服务是提升区域文旅整体体验的关键。应统筹区域内交通、信息、标识、应急等公共服务资源，实现互联互通。例如，推广区域一卡通或电子支付系统，便于游客在不同城市间的交通和消费；建立区域统一的文旅信息平台，提供权威、实时的多语种信息服务，包括景点开放时间、活动预告、交通指引、拥堵提示等；规范和统一区域内的文旅导览标识系统，提高其可读性和辨识度。应特别关注无障碍服务体系建设，确保不同群体都能便捷获取信息和使用公共服务。

第三，以区域协同为导向，优化城市公共文化服务设施的功能和布局，提高利用效率。城市公共文化服务设施（如图书馆、博物馆、美术馆、剧院、文化馆等）是城市文化的重要载体，也是潜在的文旅吸引物。区域协同发展应引导这些设施打破各自为政的局面，建立区域设施联盟或协作网络。政策应鼓励城市公共文化服务设施之间进行展览、藏品、人才的共享和交流，联合策划跨馆的系列活动或展览，延长展览周期和提高影响力。支持城市公共文化服务设施根据区域文旅需求和自身特色进行功能创新和业态拓展，例如，图书馆可以开设旅游信息咨询角，博物馆可以举办文化创意产品市集，文化馆可以提供非遗体验工作坊等，使其更好地服务于游客和本地居民，提高设施的社会效益和经济效益。同时，利用数字化技术，建设区域公共文化服务数字平台，提供在线展览、数字阅读、虚拟导览等服务，扩大设施的服务范围和提高其利用效率。

第四，强化政策引导和激励机制，鼓励区域公共服务和设施管理的创新。政府应出台支持区域文旅公共服务和设施协同发展的专项政策，例如设立区域协同发展奖励基金，对在公共服务一体化、设施共享、功能创新等方面取得显著成效的城市或机构给予奖励。鼓励引入市场机制和社会力量参与公共文化服务设施的运营和管理，探索公私合作模式，提高运营效率和服务质量。支持在区域层面开展公共文化服务和文旅融合创新的研究，推广先进技术和管理经验。构建政策支持、机制健全、主体协同的区域文旅公共服务优化体系，才能有效地解决区域差异和协同不足的问题，全面提高区域整体的文化吸引力和旅游竞争力。

8.4.5 重视社会参与，增强包容性公平性与社区共生

推动城市文化建设和文旅发展实现真正的包容性、公平性并促进社区共生，核心在于将社会参与置于规划、决策和实施过程的中心地位，确保发展的成果能够惠及全体市民和游客，而非仅仅少数群体。

其一，应完善法律法规，强制保障多元主体的有效参与和公平权利。需要在地方立法中明确界定居民、社区组织、文化传承人、弱势群体代表、非政府组织等在城市文旅发展规划、重大项目决策、收益分配和影响评估等环节的参与权利和程序，确保其意见能够得到充分听取和实质性考量。设立独立的第三方机制或社会参与协调员，协助组织听证会、社区会议、圆桌论坛等，促进不同利益主体之间的对话和协商，化解潜在冲突。法律还应保障公众获取文旅发展相关信息的权利，提高决策过程的透明度。

其二，需要构建旨在促进公平和消除差距的政策保障。在资源分配上，政策应优先向区域内或城市内部发展相对滞后、文化资源丰富但市场转化不足的社区倾斜，通过设立专项资金、提供技术支持、减免税费等方式，支持当地社区主导或参与的文旅项目。在机会获取上，应制定政策，确保本地居民和社区企业在旅游产业链中获得公平的就业、创业和合作机会，防止外来资本的过度挤占。特别要关注弱势群体的需求，如为残障人士、老年人、低收入家庭提供参与文化活动和旅游体验的便利和补贴，推广无障碍旅游，确保文化和旅游的成果真正实现普惠共享。

其三，大力支持社区在城市文化建设和文旅发展中的主体地位，促进社区共生。政策应鼓励和赋能社区居民自我组织，成立社区文化协会、旅游合作社等，自主挖掘、保护和利用本地文化资源，开发具有社区特色的文旅产品和服务。通过财政支持、能力建设培训、法律援助等方式提高社区参与文旅发展和管理的水平。强调文旅发展与社区日常生活的融合，通过“微更新”、公共空间营造等方式改善社区环境，增加居民的文化活动空间和休闲设施，让居民能够从文旅发展中直接受益，增强对社区的归属感和认同感。通过制定政策引导游客尊重当地文化和生活方式，倡导负责任的旅游行为，减少旅游活动可能对社区造成的干扰。

其四，完善信息交流、经验贡献与定期评估、监督的机制体制。政府应鼓励文旅行业、学术界、社区和政府部门之间建立常态化的信息共享和经验交流

平台，共同研究包容性文旅发展的最佳实践和挑战。支持开展针对政府公务员、文旅从业者和社区代表的培训项目，提高其在社会参与、公平发展和跨文化交流方面的意识和能力。定期对城市文化建设文旅发展的包容性、公平性和社区满意度进行评估，并根据评估结果调整政策和策略，确保城市文化建设和文旅发展始终沿着更加公正、和谐、可持续的方向前进。

参 考 文 献

陈斌开，林毅夫. 2013. 发展战略、城市化与中国城乡收入差距. 中国社会科学，（4）：81-102，206.

陈明星. 2015. 城市化领域的研究进展和科学问题. 地理研究，34（4）：614-630.

陈明星，程嘉梵，周园，等. 2022. 碳中和的缘起、实现路径与关键科学问题：气候变化与可持续城市化. 自然资源学报，37（5）：1233-1246.

陈明星，隋昱文，郭莎莎. 2019. 中国新型城镇化在“十九大”后发展的新态势. 地理研究，38（1）：181-192.

陈明星，王成金，程嘉梵，等. 2023. 中国式现代化与中国区域发展新格局. 经济地理，43（7）：20-26.

陈明星，叶超. 2020. 深入推进新型城镇化与城乡融合发展的思考与建议. 国家治理，（32）：42-45.

陈明星，叶超，陆大道，等. 2019. 中国特色新型城镇化理论内涵的认知与建构. 地理学报，74（4）：633-647.

陈明星，周园，郭莎莎，等. 2019. 新型城镇化研究的意义、目标与任务. 地球科学进展，34（9）：974-983.

迟婧茹，任孝平，李子愚，等. 2024. 加快构建具有全球竞争力的开放创新生态，推动更高水平科技创新开放合作. 中国科学院院刊，39（2）：270-281.

董炫旻，唐燕. 2024. 空间生产视角下历史街区商业化改造模式：以南京小西湖历史街区为例. 城市学报，（3）：89-98.

段德忠，杜德斌. 2023. 科技地缘政治：从现实到理论：关于地理学加强科技地缘政治研究的思考. 地理科学，43（1）：20-30.

樊杰. 2025.“十四五”“十五五”时期的区域协调发展及其经济地理学定律. 经济地理，45（1）：1-7.

樊杰，陈东，李佳洺，等. 2025. 新质生产力的地域性与布局规律研究：因地制宜发展新质生产力的地理科学探讨. 地理科学，45（1）：47-60.

方创琳，孙彪. 2024. 新质生产力的地理学内涵及驱动城乡融合发展的重点方向. 地理学报，79（6）：1357-1370.

方创琳. 2022. 城乡融合发展机理与演进规律的理论解析. 地理学报，77（4）：759-776.

葛春雷，裴瑞敏，张秋菊. 2024. 德国科研机构协同创新组织模式研究. 中国科学院院刊，39（2）：345-357.

耿松涛，刘玥. 2023. 系统论视角下的文旅融合动态演进逻辑与发展路径探索. 学习与探索，（3）：105-112.
郭英之. 2023. 研判青年文旅消费的新需求. 人民论坛，（18）：25-29.
郝庆，彭建，魏冶，等. 2021. "国土空间"内涵辨析与国土空间规划编制建议. 自然资源学报，36（9）：2219-2247.
胡夏青，马海涛. 2025. 中国城市内外创新合作对创新产出的影响. 地理学报，80（2）：377-395.
黄金川，方创琳. 2003. 城市化与生态环境交互耦合机制与规律性分析. 地理研究，（2）：211-220.
黄经南，杜碧川，王国恩. 2014. 控制性详细规划灵活性策略研究：新加坡"白地"经验及启示. 城市规划学刊，（5）：104-111.
黄祖辉. 2018. 准确把握中国乡村振兴战略. 中国农村经济，（4）：2-12.
黎子铭，王世福. 2021. 关键地段留白的精细化治理：新加坡"白地"规划建设管理借鉴. 国际城市规划，36（4）：117-125.
李强，陈宇琳，刘精明. 2012. 中国城镇化"推进模式"研究. 中国社会科学，（7）：82-100，204-205.
李新伟. 2024. 中华文明突出特性探源. 中国史研究，（4）：5-9.
廖青虎，郑旭，孙钰，等. 2021. 我国城市文化旅游融合政策的演化逻辑与未来走向. 城市发展研究，28（5）：7-11.
刘培林，钱滔，黄先海，等. 2021. 共同富裕的内涵、实现路径与测度方法. 管理世界，37（8）：117-129.
刘彦随. 2018. 中国新时代城乡融合与乡村振兴. 地理学报，73（4）：637-650.
刘彦随，杨忍，林元城. 2022. 中国县域城镇化格局演化与优化路径. 地理学报，77（12）：2937-2953.
龙小燕. 2020. 日本地方政府债券发行管理机制及启示. 地方财政研究，（7）：100-110.
陆大道. 2007. 2006 中国区域发展报告：城镇化进程及空间扩张. 北京：商务印书馆.
陆大道. 2020. 地理国情与国家战略. 地球科学进展，35（3）：221-230.
陆大道. 2024. "点—轴系统"理论与"T"字型结构的回顾及启示. 地理学报，79（12）：2951-2960.
陆大道，陈明星. 2015. 关于"国家新型城镇化规划（2014—2020）"编制大背景的几点认识. 地理学报，70（2）：179-185.
陆铭，陈钊. 2004. 城市化、城市倾向的经济政策与城乡收入差距. 经济研究，（6）：50-58.
马海涛，胡夏青. 2022. 城市网络视角下的中国科技创新功能区划研究. 地理学报，77（12）：3104-3124.
马海涛，陶晓丽. 2022. 区域科技创新中心内涵解读与功能研究. 发展研究，39（2）：64-70.
单卓然，黄亚平. 2013. "新型城镇化"概念内涵、目标内容、规划策略及认知误区解析. 城市规划学刊，（2）：16-22.

宋洋洋. 2024. 文旅融合视角下旅游对城市更新的作用. 旅游学刊，39（3）：8-10.
孙斌栋，张杰. 2023. 我国城市网络研究的批判性思考. 城市规划学刊，（2）：26-32.
孙斌栋，郑晓辉. 2024. 从“点—轴系统”理论到大国多中心区域协调发展模式. 地理学报，79（12）：2991-3006.
唐爽，张京祥. 2023. 面向弹性治理的城市留白空间系统管控研究：基于中国和新加坡的比较. 城市规划学刊，（5）：29-36.
王建国，周俭，田莉，等. 2025. “城市更新的创新实践与关键突破”学术笔谈. 城市规划学刊，（2）：1-12.
王凯，林辰辉，吴乘月. 2020. 中国城镇化率 60% 后的趋势与规划选择. 城市规划，44（12）：9-17.
王凯，王军，周亚杰. 2024. 区域视角的城乡历史文化遗产保护思考. 城市规划，48（6）：4-13.
王小鲁. 2010. 中国城市化路径与城市规模的经济学分析. 经济研究，45（10）：20-32.
魏后凯. 2024. 准确把握统筹新型城镇化和乡村全面振兴的科学内涵. 中国农村经济，（1）：2-5.
魏后凯，刘金凤，年猛. 2025. 面向中国式现代化的城乡融合发展：障碍、目标与长效机制. 财贸经济，46（1）：18-29.
魏后凯，年猛，李功. 2020. “十四五”时期中国区域发展战略与政策. 中国工业经济，（5）：5-22.
翁李胜，杨柳红，余意峰. 2025. 我国数字文旅研究的热点与展望：基于 CiteSpace 和 VOSviewer 的知识图谱分析. 华中师范大学学报（自然科学版），59（3）：321-333.
谢正梁，张春阳，许世光. 2025. 微更新语境下城镇存量空间用途变更困境及制度优化路径. 现代城市研究，（1）：83-90.
杨荫凯. 2014. 国家空间规划体系的背景和框架. 改革，（8）：125-130.
杨荫凯. 2015. 我国区域发展战略演进与下一步选择. 改革，（5）：88-93.
杨荫凯. 2023. 推进以人为核心的新型城镇化. 新型城镇化，（7）：8-13.
杨荫凯. 2025. 因地制宜发展新质生产力着力推动高质量发展. 中共党史研究，（1）：5-10.
姚士谋，张平宇，余成，等. 2014. 中国新型城镇化理论与实践问题. 地理科学，34（6）：641-647.
张维阳，钱雨昕，马海涛. 2025. 竞争型城际关系的量化逻辑与模拟方法探索. 地理学报，80（4）：921-936.
张文忠. 2016. 宜居城市建设的核心框架. 地理研究，35（2）：205-213.
张文忠. 2022. 中国不同层级科技创新中心的布局与政策建议. 中国科学院院刊，37（12）：1745-1756.
张文忠. 2025. 基于多尺度城市体检的城市更新路径研究. 地理研究，44（5）：1175-1188.
张文忠，余建辉. 2023. 中国资源型城市转型发展的政策演变与效果分析. 自然资源学报，38（1）：22-38.
郑永年，徐兰朦. 2024. 创新与新质生产力. 中国科学院院刊，39（7）：1131-1140.

周显坤. 2017. 城市更新区规划制度之研究. 北京：清华大学.

朱鹤，张圆刚，林明水，等. 2021. 国土空间优化背景下文旅产业高质量发展：特征、认识与关键问题. 经济地理，41（3）：1-15.

Chen M, Chen L, Meadows M E, et al. 2025. Unveiling disparate urban-rural relations in China through catchment area mapping. https://doi.org/10.1016/j.scib.2025.03.061[2025-03-15].

Chen M, Xian Y, Huang Y, et al. 2024. Geographical features and development models of estuarine cities. Journal of Geographical Sciences, 34(1): 25-40.

Liang L, Chen M, Cheng J. 2023. Enhance China's urban flood resilience. Science, 381(6664): 1295.

后　记

改革开放以来，中国经历了人类历史上最大规模的城镇化进程，从五千年的“乡土中国”迅速转型进入新时代的“城乡中国”。党的十八大以来，国家高度重视城镇化工作，持续深入推进以人为核心的新型城镇化，取得了举世瞩目的历史性成就，走出了一条中国特色新型城镇化和城市发展道路。2013 年，中央城镇化工作会议在北京举行；2014 年，中共中央、国务院印发了《国家新型城镇化规划（2014—2020 年）》；2015 年，中央城市工作会议召开，强调要坚持人民城市为人民，尊重城市发展规律，在统筹上下功夫，在重点上求突破，着力提高城市发展持续性、宜居性。2022 年，国家出台了《国家新型城镇化规划（2021—2035 年）》，国家发展和改革委员会印发了《“十四五”新型城镇化实施方案》；2024 年，国务院印发了《深入实施以人为本的新型城镇化战略五年行动计划》。2024 年，《中共中央关于进一步全面深化改革、推进中国式现代化的决定》对城镇化和城市工作做出重要战略部署。其中，第六部分大篇幅阐述了完善城乡融合发展体制机制，明确指出健全推进新型城镇化体制机制。构建产业升级、人口集聚、城镇发展良性互动机制。推行由常住地登记户口提供基本公共服务制度，推动符合条件的农业转移人口社会保险、住房保障、随迁子女义务教育等享有同迁入地户籍人口同等权利，加快农业转移人口市民化。

中国科学院地理科学与资源研究所区域可持续发展分析与模拟重点实验室是中国人文与经济地理学首个省部级实验室，具有自然科学与社会科学交叉研究、应用基础与服务决策相结合的学科特点，以服务国家需求为目标，完成了一系列重大研究任务。在城镇化方面，开展了长期的理论性基础研究和实践性政策研究，提交了一系列有影响的决策咨询研究成果，形成了咨询研究与基础研究有机结合的研究范式，为国家相关工作提供了重要科技支撑。中国城镇化已步入中后期发展相对成熟阶段，迈向质量提升的关键时期，2024 年中国城镇人口已经达到 9.435 亿人。城市是我国经济、政治、文化和社会等方面活动的中心，在党和国家工作全局中具有举足轻重的地位，城市发展带动了整个经济社会的发展，城市成为中国式现代化和美丽中国建设的重要引擎和主要载体。因此，人文与经济地理学需要及时响应新时期国家战略需求，进一步加强城市复杂系统研究，研判复杂环境变化条件下城市高质量发展的现状、问题与未来路径，从国家需求中凝练关键科学问题，在解决现实问题中实现学科的创新发展。

在本书付梓出版之时，恰逢新一轮中央城市工作会议于 2025 年 7 月 14～15 日在北京召开。会议指出，党的十八大以来，党中央深刻把握新形势下我国城市发展规律，坚持党对城市工作的全面领导，坚持人民城市人民建、人民城市为人民，坚持把城市作为有机生命体系统谋划，推动城市发展取得历史性成就。认真践行人民城市理念，坚持稳中求进工作总基调，坚持因地制宜、分类指导，以建设创新、宜居、美丽、韧性、文明、智慧的现代化人民城市为目标，以推动城市高质量发展为主题，以坚持城市内涵式发展为主线，以推进城市更新为重要抓手，大力推动城市结构优化、动能转换、品质提升、绿色转型、文脉赓续、治理增效，牢牢守住城市安全底线，走出一条中国特色城市现代化新路子。我国城镇化正从快速增长期转向稳定发展期，城市发展正从大规模增量扩张阶段转向存量提质增效为主的阶段。会议还部署城市工作 7 个方面的重点任务：一是着力优化现代化城市体系；二是着力建设富有活力的创新城市；三是着力建设舒适便利的宜居城市；四是着力建设绿色低碳的美丽城市；五是着力建设安全可靠的韧性城市；六是着力建设崇德向善的文明城市；七是着力建设便捷高效的智慧城市。这对当前的城市工作以及城市研究工作者提出了更高要求，并在推进中国式现代化建设中发挥更大作用和贡献。

本书的编写得到了来自方方面面的鼓励和帮助。特别感谢时任中央财办杨荫凯副主任、徐冬宁局长的热情鼓励和肯定，中国科学院地理科学与资源研究所孙福宝所长、陆大道院士等的亲切指导和支持。感谢科学出版社杨逢渤编辑的高效工作，他为本书的出版付出了诸多努力。

陈明星

2025 年 7 月于北京中国科学院奥运园区